KB212063

무엇이 개인을 이렇게 만드는가?

칼 구스타프 융 지음 김세영 옮김

무엇이 개인을
이렇게 만드는가?

초판 1쇄 발행 // 2013년 1월 10일
　　2쇄 발행 // 2014년 10월 30일

원 제 // Gegenwart und Zukunft
지은이 // 칼 구스타프 융
옮긴이 // 김세영
펴낸이 // 정명진
디자인 // 정다희

펴낸곳 // 도서출판 부글북스
등록번호 // 제300-2005-150호
등록일자 // 2005년 9월 2일
주소 // 서울시 노원구 하계동 279번지 청구빌라 101동 203호
　　　　(139-872)
전화 // 02-948-7289
팩스 // 02-948-7269
전자우편 // 00123korea@hanmail.net

ISBN // 978-89-92307-71-0 03180
가격 // 11,500원

무엇이 개인을
이렇게 만드는가?

칼 구스타프 융 지음   김세영 옮김

옮긴이의 글

"개인들이여,
만물의 척도로 세상의 중심에 서라!"

번역 작업 내내 '과연 나는 내 인생의 주인인가?' 하는 의문이 머리를 떠나지 않았다. 온갖 첨단 미디어로 촘촘하게 얽혀 돌아가는 현실이다 보니 타인의 의견을 의식하지 않을 수 없는 것은 사실이지만, 혹여 무비판적으로 휩쓸리는 것은 아닌가 하는 반성이 끊임없이 이어졌다. 2012년 12월 한국에선 무리 짓기가 그 어느 때보다 더 뜨겁게 일어났다. 이런 분위기에서 칼융의 이 책은 독일에서 출간된 지 오래 되었음에도 많은 것을 생각하게 했다.

칼 융이 '현재와 미래'(Gegenwart und Zukunft)라는 제목으로 이 책을 발표한 것이 1957년이었으니, 반세기도 훨씬 더 지난 지금까지도 그 감동의 울림이 여전하다는 뜻이다. 인류의 미래를 걱정하던, 당시 82세이던 노(老) 심리학자의 심장 박동이 그대로 느껴지는 듯하다. 이 책의 메시지는 그때보다도 오히려 지금이 더 절실하게 다가올지도 모르겠다. 당시의 시대상황과 어쩌면 그 상황을 타개할 열쇠가 들어 있을지도 모르는 무의식의 영역을 도외시하던 지성계를 질타하는 칼 융의 모습이 떠오른다.

이 책을 집필하던 당시 세계는 공산주의와 자본주의로 첨예하게 갈리어 냉전을 벌이고 있었다. 그러다 보니 어느 진영 할 것 없이 대중선동이 끊임없이 이어졌다. 이런 현실에 대해 칼 융은 사람들이 인간의 심리를 제대로 파악하고 그것을 그대로 받아들이지 않는 이상, 말하자면 내면에 선과 악이 동시에 존재하는 인간의 이중성을 인정하지 않는 이상 인간들 사이의 투쟁은 불가피하다는 분석을 내놓았다. 여기서도 융의 이론의 핵심인 그림자가 제시된다. 인간의 내면에는 의식적으로 생각하는 것과는 정반대인 또 다른 인격이 있는데, 대부분의 사람들은 이 그림자를 인정하지 않을뿐더러 인정하는 사람들조차도 대개 그것을 억누르며 살아간다는 것이다. 그러면서 그 그림자를 반대편 사람의 내면에서만 본다는 것이다. 이런 투사(投射)가 인간 세상에 온갖 분열을 낳는다는 것이 융의 주장이다. 이 책이 나오고 오랜 세월이 흘렀건만, 그의 분석은 지금도 그대로 유효한 것 같다. 일본의 우경화 등 국제무대에서 벌어지고 있는 갈등은 물론이고 국내에서 빚어지는 갈등 역시 융의 그림자 이론으로 설명이 되는 것 같다.

사람들이 이처럼 대립하게 만드는 심리적 힘들 중에서 대표적인 것으로 칼 융은 대중지향성을 꼽는다. 오늘날의 민주사회도 예외가 아니다.

한때 만물의 척도로 세상의 중심으로까지 칭송
되었던 인간 개개인이 이런 식으로 사회의 한 부
품으로 전락하게 된 것은 큰 숫자에 휘둘리는 인
간 심리와 통계적 진리를 강조하는 과학적 합리
주의 때문인 것으로 분석된다. 각 개인들에게 대
중에 함몰되지 않기 위한 노력을 펼쳐달라는 호
소가 아주 간절하다. 칼 융은 이 호소에 귀를 닫
는 지식인들에게 역사에 죄를 짓게 될 것이라고
경고한다. 익명이 어느 때보다 활개를 치고 있는
21세기에 자기 인생의 주인이 되고자 하는 사람
들에게 일독을 권한다.

차례

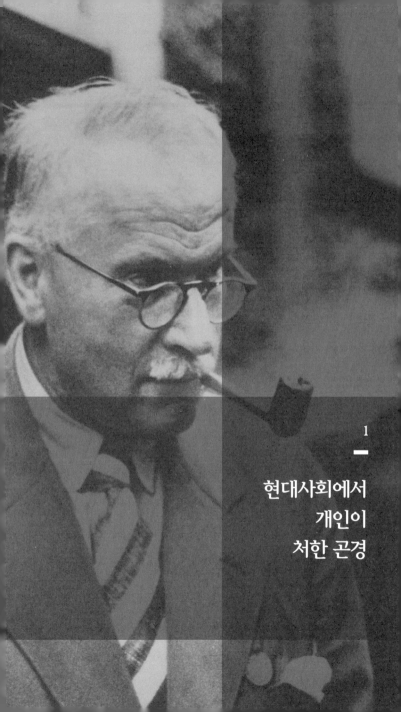

1
—
현대사회에서
개인이
처한 곤경

앞으로 어떤 일이 벌어질까? 이 물음은 아득한 옛날부터 인간들의 마음을 사로잡아왔다. 언제나 똑같은 정도의 관심을 기울였던 것은 아니지만, 어쨌든 인간은 이 물음에서 자유로울 수 없었다.

역사적으로 볼 때, 인간이 미래를 걱정과 희망이 교차하는 시선으로 바라보던 때는 주로 육체적, 정치적, 경제적 또는 정신적 고민에 처해 있을 때였다. 그럴 때면 어김없이 예언과 유토피아, 묵시록적인 상상이 난무했다

예를 들어 보자. 서력(西曆)이 시작할 때쯤인 아우구스투스(B.C. 63~A.D. 14) 시대에는 천년왕국에 대한 기대가 있었다. 또 첫 번째 천년이 끝날 때쯤에도 마찬가지로 서양의 정신세계에 여러 변화들이 있었다. 두 번째 천년의 종말이 다가오고 있는 지금(칼 융이 이 글을 쓴 시기는 1950년대였다/옮긴이), 우리는 또 다시 인류의 파멸을 점치는 묵시록적인 예언이 난무하는 시대를 살고 있다. 인류를 두 쪽으로 나누고 있는, "철의 장막"으로 상징되는 그 균열이 의미하는 바는 과연 무엇인가? 만일 수소폭탄이 하나둘 폭발하기 시작하거나 국가 절대주의의 정신적, 도덕적 암흑이 유럽 전역으로 퍼진다면, 우리의 문명과 인간은 어떻게 될 것인가?

이 위협을 가벼이 받아들여야 할 이유는 전혀 없다. 서유럽 어디를 가든 체제를 전복하려는 소수의 세력들이 존재하고 있다. 이들은 서유럽의 인도주의와 정의의 정신 덕분에 보호를 받으며 언제든 인화성 강한 횃불을 치켜들 준비를 갖추고 있다. 그런데 이들이 사상을 전파하지 못하도록 막을 수 있는 유일한 도구는 현재 인구 중에서 상당히 지적이고 심리적으로 동요하지 않는 계층의 비판적인 이성뿐이다. 그러나 이 계층의 크기를 지나치게 과대평가하지 말아야 한다.

이 계층의 규모는 국민성에 따라 나라마다 다 다르다. 또한 이 계층은 공교육에 따라 지역마다 다르며, 정치적·경제적 성격을 띤 극히 불온한 요소의 영향을 쉽게 받는다. 어떤 사람은 국민투표를 기준으로 제시하면서 이 계층의 비중을 유권자의 40%까지 잡고 있다. 이는 지나치게 낙관적인 추산이다. 그 비중을 이보다 낮게 보는 것이 타당하다. 그럴 만한 이유가 있다. 이성과 비판적 반성이라는 재능이 인간의 탁월한 특성도 아닐 뿐더러, 설령 그런 재능이 있다 하더라도 그것이 일관되지 못하고 동요하는 모습을 보이기 때문이다. 대체로 보면, 정치적인 집

단의 규모가 크면 클수록, 이성과 비판적 반성이
라는 재능은 더 심하게 동요한다. 대중은 개인이
라면 가능했을 수도 있는 통찰과 반성을 짓밟아
버린다. 만일 허약한 입헌국가에서 이런 현상이
나타난다면, 이는 반드시 교조적이고 독재적인
학정으로 이어진다.

　이성적인 토론이 성공적으로 이뤄지기 위해
선 조건이 있다. 주어진 상황의 감정적 측면이
위험한 수준을 넘어서지 않아야만 한다. 어떤 상
황의 감정적 측면이 위험 수준 이상으로 올라가
면, 이성이 영향력을 발휘할 가능성은 사라지고
슬로건과 터무니없는 공상이 이성의 자리를 대
신하게 된다. 다시 말해, 일종의 "집단적 사로잡
힘"이 나타나며 이는 급속도로 하나의 정신적
질환으로 발전해간다. 이런 상황에 처하면, 이성
의 지배 아래에서 반사회적인 것으로 여겨졌던
모든 요소들이 정면으로 부상하게 된다. 그런 요
소들을 갖춘 개인은 교도소나 정신병동에서 만

날 수 있는 희귀한 존재가 결코 아니다. 왜냐하면 광기가 명백히 드러나는 사람이 한 명 있다면, 나의 추산으로는, 공개적으로 드러날 정도는 아니라서 겉보기에는 지극히 정상임에도 그 관점과 행동이 병적이고 사악한 요소의 영향을 무의식적으로 받는 잠재적 광인이 적어도 10명은 되기 때문이다.

물론 잠재적 정신이상자들에 관한 의학적 통계는 전혀 없다. 거기에는 그럴만한 이유들이 있을 것이다. 그러나 잠재적 정신이상자들의 숫자가 공개적으로 명백히 드러난 정신이상자들과 범죄자들의 숫자의 10배에 미치지 못한다 하더라도, 전체 인구 중에서 그들이 차지하는 비중이 상대적으로 낮다는 이유로 잠재적 정신이상자들을 가볍게 보아 넘겨서는 안 된다. 그런 사람들이 지닌 특이한 위험성 때문이다. 그들의 심리상태는 감정에 치우친 판단과 터무니없는 공상에 의해 집단적으로 흥분된 사람들의 심리상태와 비슷하다. 그 사람들은 "집단적 사로잡힘"의 상태에 나름대로 적응한 사람들이며 따라서 그 상태에서 상당히 편안한 기분을 느낀다. 그들은 자신의 경험을 통해서 이런 조건을 잘 알고 있으며 또 그 조건을 다루는 방법도 잘 알고 있다. 그들의 터무니없는 사상은 열광적인 분노를 업고 집단 비이성에 호소하면서 그 비이성 안에서 뿌리를 내릴 비옥한 토양을 발견한다. 그 이유는 그들이 보다 정상적인 사람들의 내면에서 이성과 통찰력이라는 덮개 밑에 가려져 있는 동기와 분노를 모조리 다 표현해내기 때문이다. 그러므로 그들은 전체 인구와 비교할 때 수적으로 열세임에도 불구하고 전염원으로 아주 위험한 존재들이다. 그들이 전염원이 될 수 있는 이유는 소위 정상이라고 하는 사람도 오직 제한적인 수준의 자기지식(사람이 스스로에게 '나는 어떤 존재인가?'라는 물음을 던지고 그에 대한 답을 구하는 과정에서 알게 되는 정보를 뜻한다/옮긴이)만을 갖고 있기 때문이다.

　대부분의 사람들은 자기지식과 자신의 의식적인 에고('나'를 의미하는 라틴어로, 영어에서는 '자아' '자기 자신' 등의 의미로 쓰인다. 프로이트는 에고를 자기 자신에 대한 의식적 경험으로 보았고, 융은 하나의 콤플렉스로 보았다/옮긴이)의 성격에 관한 지식을 혼동하고 있다. 자의식을 가진 사람은 누구나 당연히 자신이 자기 자신에 대해 잘 알고 있다고 생각한다. 그러나 에고는 오직 의식 안의 내용물만을 알 뿐이다. 무의식과 그 무의식에 담긴 내용물에 대해서는 알지 못한다. 사람들은 같은 사회적 환경 속에서 사는 평균적인 사람이 자기 자신에 대해 알고 있는 것을 기준으로 자신의 자기지식을 측정한다. 대부분의 사람들이 자신의 눈에 쉽게 보이지 않는 곳에 숨어 있는 정신적 사실들까지 알려고 들지는 않는 것이다.

　이런 점에서 보면, 정신은 마치 생리학적 구조와 해부학적 구조만을 가진 육체처럼 움직이고 있다고 할 수 있다. 그런데 딱하게도 평균적인 사람은 이 생리학적 및 해부학적 구조에 대해서도 아주 조금밖에 알지 못한다. 정신은 육체 안에서, 육체와 더불어 살고 있다. 그럼에도 불구하고 정신의 대부분은 평범한 사람들에게는 전혀 알려지지 않은 채로 남아 있다. 의식이 육체에 관해 알려진 내용을 익히는 데도 특별한 과학적 지식이 필요하다. 의식이 이미 알려진 것을 익히는데도 이렇거늘 하물며 알려지지 않은 것들을 익히려면 얼마나 더 많은 지식이 필요하겠는가. 그럼에도 분명한 것은 알려지지 않은 것들 역시 존재한다는 사실이다.

그러므로 흔히들 "자기지식"이라 불리는 것은 인간의 정신세계에서 벌어지는 일들 중에서 극히 일부에 관한 제한적인 지식일 수밖에 없으며, 또 그 지식의 대부분은 사회적 요인들에 좌우된다. 그러기에 사람은 "우리"나 "우리 가족" 또는 우리의 친구와 지인들에게는 어떠한 일은

일어날 수 없다는 식의 편견에 언제나 직면하고
있다. 그런 한편으로는 특정한 어떤 자질을 갖고
있다고 주장하는, 똑같이 근거 없는 가설들을 접
하게 되는데, 이 가설들은 단지 그 사례의 진짜
사실들을 가릴 뿐이다.

　의식의 비판과 통제에서 벗어나 있는 이 광
범위한 무의식의 영역 안에서, 우리는 온갖 영향
과 심리적 전염에 노출된 채 무방비 상태로 서
있다. 위험에 직면하는 어느 경우나 마찬가지로,
심리적 전염에 맞설 때에도 우리를 공격하고 있
는 것이 무엇인지를 잘 알고 또 그 공격이 언제
어디서 어떤 식으로 일어날 것인지를 알 때에만
우리가 스스로를 지킬 수 있다. 자기지식은 사람
이 자기 자신에 대해 알고 있는 개인적인 사실들
을 말한다. 그렇기 때문에 자기지식에 있어서는
이론은 거의 아무런 도움을 주지 못한다. 왜냐하
면 어떤 이론이 보편적으로 유효하다고 목소리
를 높일수록 그 이론이 개인적인 사실들을 공평

하게 다룰 수 있는 능력은 그만큼 더 떨어질 것이기 때문이다.

경험에 근거한 이론이면 어떤 것이든 반드시 통계적이다. 다시 말하면, '이상적인 평균'을 공식화한 이론이라는 뜻이다. 그런데 이 '이상적인 평균'은 그 척도의 양쪽 끝에 있는 모든 예외들을 배제하고 그것들을 추상적인 평균으로 대체해 버린다. 그런데 이 추상적인 평균이 상당히 유효한 것으로 여겨지는 것이 문제이다. 현실 속에서는 그 평균이 반드시 있는 것은 아닌데도 말이다.

이런 사실에도 불구하고, 추상적인 평균은 이론에서 공격 불가능한 근본적인 사실로 통한다. 반면에 척도의 양쪽 끝에 있는 예외들은 엄연한 사실임에도 불구하고 최종 결과에는 전혀 나타나지 않는다. 이쪽의 예외들이 저쪽의 예외들을, 저쪽의 예외들이 이쪽의 예외들을 상쇄해 버리기 때문이다.

예를 들어보자. 만일 내가 자갈밭의 돌들을 하나씩 주워 일일이 무게를 달고 그 평균이 145g이라는 것을 알았다면, 이 수치는 그 자갈들의 본질에 대해서 나에게 거의 아무것도 말해주지 못한다. 이 발견을 근거로 누군가가 첫 번째 시도에서 145g짜리 자갈을 집을 수 있을 것이라고 생각한다면, 그는 크게 실망하고 말 것이다. 정말이지, 그 사람이 아무리 오랜 시간을 찾아 헤맨다 해도 정확히 145g 나가는 자갈을 발견하지 못할 가능성도 있다.

통계적 방법은 이상적인 평균이라는 측면에선 사실들을 보여주지만, 경험적 현실에 대해서는 우리에게 아무런 그림도 제시하지 못한다. 통계적 방법은 현실의 논박 불가능한 어떤 측면을 반영하는 한편으로, 실제적인 진실을 왜곡할 수도 있다. 통계에 바탕을 둔 이론의 경우 특히 더 그러하다.

그러나 진정한 사실들이 특별한 점은 그 사

실들의 개별적 특성에 있다. 더 노골적으로 말한다면, 현실의 진정한 그림은 그 규칙의 예외들만으로 이뤄져 있으며 따라서 절대적인 현실은 불규칙성을 압도적으로 보인다고 말할 수 있다.

자기지식의 길잡이 역할을 할 이론에 대해 논할 때면 언제나 앞에서 말한 사항을 깊이 새겨야 한다. 이론적 가설에 근거한 자기지식은 절대로 없으며 또 있을 수도 없다. 그 이유는 자기지식의 대상이 한 사람의 개인이기 때문이다. 말하자면 하나의 상대적인 예외이자 하나의 비규칙적인 현상인 한 사람의 개인이 자기지식의 대상이라는 뜻이다. 그러므로 그 개인의 특성을 말해주는 것은 보편적이고 규칙적인 것이 아니라 독특한 것이다. 그 개인을 다른 사람과 똑같은 하나의 단위로 이해해서는 안 되고 유일하고 특별한 존재로 이해해야 한다. 최종적인 분석에서도 끝내 전모가 밝혀지지 않고 또한 다른 어떠한 것과도 비교될 수 없는 존재로 말이다.

그와 동시에 사람은 한 종(種)의 구성원으로서 하나의 통계적인 단위로도 묘사될 수 있으며 또 묘사되어야만 한다. 그렇지 않으면 인간에 대해 일반적인 특성을 말하는 것이 불가능해질 것이다. 이 목적을 위해서는 인간이 상대적인 단위로 여겨져야 한다. 이것이 보편적으로 유효한 인류학이나 심리학을 낳는다.

경우에 따라서 인류학과 심리학에서 인간이 하나의 평균적인 단위로 추상적으로 그려지는데, 이 평균적인 단위는 모든 개인적 특성들을 배제하고 있다. 그러나 인간을 이해하는 데 있어서 가장 중요한 것은 바로 이런 식으로 배제된 그 특성들이다. 만일 어느 개인을 이해하길 원한다면, 나는 완전히 새롭고 편견이 없는 태도를 취하기 위해 평균적인 인간에 대한 모든 과학적인 지식들을 옆으로 제쳐둠과 동시에 모든 이론까지 버려야 한다. 이렇게 한 뒤에야 자유롭고 열린 마음으로 개인적인 인간 존재를 이해하려는 노력을 시작할 수 있을 것이다. 그런 반면 인간에 대한 지식이나 인간 성격에 대한 통찰은 인간에 관한 온갖 종류의 일반적인 지식들을 전제로 한다.

한 사람의 인간 동료를 이해하는 문제든 아니면 자기지식에 관한 문제든, 나는 두 경우 모두에서 이론적인 가설들을 버려야 한다. 과학적 지식은 보편적으로 존경을 받고 있을 뿐만 아니라 현대인의 눈에는 유일하게 지적 권위와 정신적 권위를 가진 것으로 비친다. 개인을 이해하는 작업은 나로 하여금 어쩔 수 없이 그런 과학적 지식을 못 본 체 하도록 만든다. 하지만 그것이 쉬운 일은 아니다. 왜냐하면 과학적 태도가 그 책임감을 쉽게 버리려 하지 않기 때문이다.

어떤 심리치료사가 자신의 환자를 과학적으로 분석하길 원할 뿐만 아니라 또한 하나의 인간 존재로 이해하길 원한다고 가정해보자. 그럴 경우 심리치료사는 지식과 이해라는, 서로 상반되고 서로 배타적인 두 가지 태도 사이에서 의무의 충돌로 고민하게 될 것이다. 이 충돌은 이것 아니면 저것이라는 방식으로는 해결되지 못하고 오직 일종의 양방향적인 사고에 의해서만 해결될 수 있다. 말하자면 다른 쪽을 도외시하지 않는 가운데 한 쪽의 태도를 취하는 것이다.

원칙적으로 '지식'의 긍정적인 강점들이 '이해'에 특별히 불리하게 작용한다는 사실에 비춰본다면, 그런 식의 해결에서 나오는 판단이 역설적일 가능성이 있다. 과학적으로 판단할 경우, 그 개인은 무한히 복제되는 하나의 단위에 지나지 않으며 알파벳의 글자 하나로 불리어도 무방하다. 그런 한편 이해에 대해 말할 것 같으면, 과학자가 매우 소중히 여기는 그 모든 비슷함과 규칙성을 배제하게 되는데, 이때 가장 중요하고 진정으로 유일한 연구 대상은 바로 독특하기 마련인 개인적인 인간 존재가 된다. 심리치료사는 무엇보다도 다음과 같은 모순을 잘 알고 있어야 한다. 그 자신이 과학적 훈련을 통해 얻는 통계적 진리로 무장해야 하는 한편으로, 특히 심리적 고통을 당하고 있는 환자를 다루는 경우엔 '개인적 이해'를 필요로 하는 한 개인으로도 다룰 줄 알아야 하는 것이다. 도식적인 치료법일수록, 환자의 내면에서 더 큰 저항을 불러일으키고 또 치료를 힘들게 할 수 있다. 그렇다면 심리치료사는 싫든 좋든 환자의 개성을 그 그림에서 배제해서는 안 되는 근본적인 사실로 여기며 그에 따라 치료방법을 조정해야 한다. 오늘날엔 의사의 임무는 추상적인 질병을 치료하는 것이 아니라 아픈 사람을 치료하는 것이라는 인식이 의료계 전반에 널리 퍼지고 있다.

지금까지 설명한 의료계의 예는 교육과 훈련 분야에 전반적으로 퍼져 있는 문제를 구체적으로 보여주는 한 예에 지나지 않는다. 과학적인 교육은 주로 통계적 진실과 추상적 지식에 기반을 두고 있으며, 그런 까닭에 피교육자들에게

이 세상을 비현실적으로 그린 '합리적인' 그림
을 제시하고 있다. 이 그림 안에서 개인은 하나
의 주변적인 현상에 지나지 않는 존재로 여겨지
며 그 어떠한 역할도 맡지 못한다. 그러나 하나
의 비합리적인 자료로서의 개인은 진짜 현실을
살고 있는 진짜 존재이며, 과학적인 글이 논하는
비현실적인 이상이나 정상적인 인간과는 반대인
'구체적인' 인간이다. 게다가 대부분의 자연과
학은 연구 결과를 마치 그것이 인간의 간섭이 없
는 가운데서 존재하는 것처럼 표현하려고 노력
하고 있다. 자연과학이 그런 식의 태도를 보이다
보니, 연구의 필요불가결한 요소인 정신의 작용
도 눈에 두드러지지 않게 되었다. 예외가 있다면
현대 물리학이다. 현대 물리학은 관찰자가 관찰
의 결과에 영향을 미친다는 점을 인정하고 있다.
그렇다면 이 점에 있어서도 과학은 인간의 진짜
심리가 배제된 세상의 그림을, 그러니까 인간의
속성과 정반대인 그림을 전달하고 있다.

이런 과학적 가설들의 영향 아래에서, 심리 뿐만 아니라 개별적인 인간과 모든 개별적인 사건들이 평균으로 다듬어지고 있으며 또한 현실의 그림이 관념상의 평균으로 왜곡되고 있다. 우리는 통계적으로 세상을 그리는 관행이 심리에 미치는 효과를 절대로 과소평가해서는 안 된다. 통계적으로 세상을 그리는 관행은 개인을 익명의 단위로 바꿔놓고 있으며, 이 익명의 단위들이 모여 대중이 된다. 과학은 우리들에게 구체적인 개인 대신에 조직의 이름들을 제시하며, 그 정점에서 국가라는 추상적인 개념을 정치적 현실의 원칙으로 제시한다. 그렇게 되면 개인의 도덕적 책임이 불가피하게 국가의 정책으로 대체된다. 개인의 도덕적·정신적 차이를 인정하기보다는 공공복지와 생활수준의 향상을 앞세우려는 분위기가 지배하게 된다. 유일하게 '진짜'삶인 개인적 삶의 목표와 의미는 이제 더 이상 개인의 발전에 있지 않고 국가의 정책에 있게 된다. 이 국가의 정책은 외부에서 개인들에게 강요되며, 그 목표는 종국적으로 모든 삶이 추구할 어떤 추상적인 개념을 현실로 구체화하는 데 있다. 개인은 자신의 삶을 어떻게 살 것인지에 대한 도덕적 결정권을 점점 더 많이 박탈당하고, 그 대신에 하나의 사회적 단위로 통치를 받고 의식주를 제공받고 교육을 받으며 또한 대중에게 쾌락과 만족을 안겨주는 기준에 따라 즐거워하게 된다.

통치자들도 피통치자들과 마찬가지로 그들 나름으로 사회적 단위가 되고 있으며 그들이 국가의 원칙의 전문적인 대변자라는 점에서만 다른 사람들과 구분된다. 통치자들이 굳이 판단 능력을 갖춘 인물이어야 할 필요는 없다. 철저한 전문가이면 족하다. 통치 활동 이외에서는 쓸모가 없어도 괜찮다. 이때는 국가 정책이 사람들에게 가르치고 연구해야 할 것들을 결정한다.

얼핏 전능해 보이는 국가의 원칙은 모든 권력이 집중되는 정부의 최고위직을 차지한 사람들에 의해 국가정책이라는 이름으로 조작된다. 선거를 통해서나 아니면 다른 방식에 의해서 이런 지위에 오른 사람은 더 이상 권위에 복종하지 않는다. 그 이유는 그 사람이 곧 국가정책이고 주어진 상황의 한계 안에서 자신의 재량대로 모든 것을 처리할 수 있기 때문이다. 루이 14세를 보라. "짐이 곧 국가다"라고까지 말하지 않았는가.

그러나 루이 14세 같은 사람은 자신이 꾸민 허구의 노예일 가능성이 크다. 그런 일방성은 언제나 무의식적 전복(顚覆)의 성향을 부르게 되어 있다. 예속과 반란은 서로 떼어놓을 수 없는 관계에 있다. 그렇기 때문에 유기적 조직체의 맨 위에서 맨 아래까지 권력을 노린 경쟁과 과도한 불신이 팽배하게 된다. 게다가, 대중은 뚜렷한 형태를 갖추지 못하고 혼란스럽게 움직이는 단점을 보완하기 위해 언제나 한 사람의 '리더'를 탄생시킨다. 이 '리더'는 거의 틀림없이 과도한

자의식의 희생자가 된다. 역사를 돌아보면 무수히 많은 예들이 이를 잘 보여주고 있다.

개인이 다른 사람들과 무리를 지으며 진부한 존재로 타락하는 순간, 그런 식의 전개가 논리적으로 불가피하다. 개인이라는 존재를 지워버리는 거대한 대중들의 집합은 별도의 문제로 차치하더라도, 심리적으로 대중을 지향하게 만드는 중요한 요소 하나가 바로 과학적 합리주의이다. 이 과학적 합리주의가 개인들로부터 그들의 토대와 존엄을 앗아버린다. 하나의 사회적 단위로서 개인은 자신의 개성을 상실하고 통계국의 추상적인 숫자로 전락하고 만다. 개인은 중요성이 거의 없는, 상호 교체 가능한 하나의 단위로서의 역할만을 수행할 뿐이다. 바깥에서 이성적으로 바라보면, 한 개인이 처한 현실의 모습이 꼭 그렇다. 이 점에서 보면 개인의 가치나 의미에 대해 계속 논한다는 것 자체가 아주 우습게 보인다. 정말이지, 사람들은 지금까지 개인의 인간적인 삶에 엄청난 존엄을 부여했던 그 이유를 좀처럼 상상하지 못한다.

이 관점에서 보면, 개인의 중요성은 갈수록 떨어지고 있다. 이에 반박하고자 하는 사람은 누구나 곧 자신이 당혹스러운 상황에 처했다는 사실을 깨달을 것이다. 개인이 자신이나 가족의 구성원 또는 존경할 만한 친구들에 대해 중요한 존재라는 감정을 품고 있다는 사실은 그 사람 본인의 감정의 주관성을 보여주는 것에 지나지 않는다. 수백만 명은 말할 것도 없고 만 명이나 십만 명과 비교할 때, 그런 극소수의 사람들이 무슨 소용이 있겠는가? 이는 언젠가 나와 함께 엄청난 규모의 군중 속에 갇혔던 한 사려 깊은 친구가 한 말을 떠올리게 만든다. 그 친구는 군중 속에서 별안간 이런 말을 했다. "불멸을 믿지 말아야 할 가장 확실한 이유가 여기 있군! 이 사람들 모두가 불멸을 원하고 있으니 말일세!"

군중의 규모가 크면 클수록, 개인은 더욱 하

찮은 존재로 전락하게 된다. 만일 개인이 무력감
과 무능감에 압도당한 나머지 자신의 삶이 의미
를 잃었다는 느낌을 받는다면, 그 사람은 이미
국가에 예속되는 과정에 있으며 자신이 알지 못
하거나 원하지 않은 가운데 국가를 신봉하는 사
람이 되고 있는 중이다. 이런 사람의 경우 자신
의 삶이 여하튼 공공복지와 보다 높은 생활수준
과 일치하지 않을 것이기 때문에 삶의 의미를 잃
었다고 느끼기 쉽다.

　오로지 바깥만 보면서 엄청나게 많은 수의
사람들 앞에서 겁을 먹는 사람은 자신의 감각과
이성의 증거를 물리칠 내면적인 수단을 전혀 갖
고 있지 않다. 그런데 오늘날 벌어지고 있는 것
이 꼭 그렇다. 우리 모두는 통계적 진리와 큰 숫
자에 매료되고 압도당하고 있으며 개인적 특성
의 무가치와 하찮음에 대한 이야기를 매일 듣고
있다. 개인의 특성이 무가치하고 하찮은 것으로
여겨지는 이유는 그 어떤 대중 조직도 개인의 특

성을 대표하거나 구체화하지 않기 때문이다. 거꾸로, 세계적 무대에서 거들먹거리며 목소리를 높이는 인물들은 비판력이 없는 대중에겐 대중 운동의 과정에 두각을 나타냈거나 여론의 물결을 타고 부상한 인물처럼 보이며, 바로 이런 이유로 인해 박수갈채를 받거나 저주의 대상이 되기도 한다. 여기선 집단 암시가 아주 특별한 역할을 한다. 그런 까닭에 집단의 메시지가 거기 합류한 사람들이 개인적으로 책임을 질 수 있는 자신들의 메시지인가 아니면 집단은 단지 집단적 의견을 전파하는 확성기의 역할만을 하는가 하는 문제를 놓고 논쟁이 벌어지기도 한다.

이런 환경에서 개인적인 판단이 점점 더 확신을 잃는 것은 당연하다. 그리고 책임이 최대한 집단화되고 있다는 사실도, 그러니까 책임이 개인의 영역에서 빠져나와 집단으로 넘어가고 있다는 사실 또한 마찬가지이다. 이런 식으로 개인은 더욱더 사회의 한 부품으로 바뀌어가고 있으며, 이 부품화가 각 개인에게서 삶의 진정한 주인으로서의 역할을 빼앗아버린다.

반면 실제로 보면 사회는 국가와 같은 추상적인 개념에 지나지 않는다. 그런데 사회와 국가가 똑같이 실체화되고 있다. 말하자면 자율성을 가진 주체가 되고 있다는 뜻이다. 특히 국가는 반(半)생명체 같은 성격을 띠게 되었으며, 사람들은 그 생명체에게 모든 것을 기대하기에 이르렀다. 사실 국가는 그것을 조작하는 방법을 아는 개인들을 위한 하나의 위장일 뿐이다. 그리하여 입헌국가는 원시적인 형태의 사회로, 즉 모든 사람들이 추장 또는 소수의 독재자의 독재통치에 복종해야 하는 원시 부족의 공산주의로 전락하고 있다.

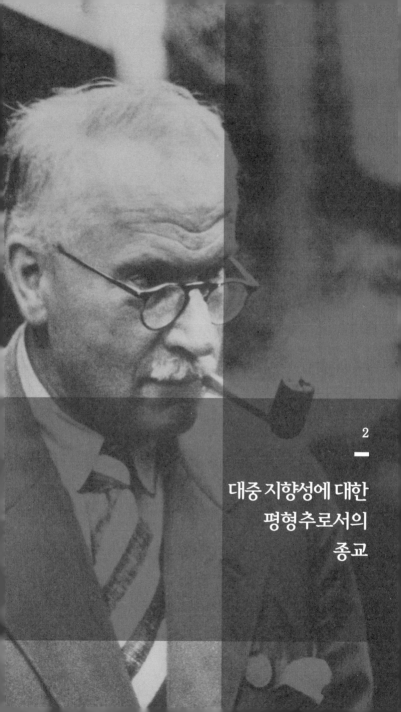

2
—
대중 지향성에 대한
평형추로서의
종교

주권국가의 허구를, 말하자면 주권국가를 조종하는 사람들의 변덕을 모든 건전한 제약으로부터 벗어나도록 만들기 위해, 그런 방향으로 나아가는 모든 사회정치적 운동은 한결같이 종교의 기반을 깎으려고 애를 쓴다. 그 이유는 개인을 국가의 한 부품으로 바꿔놓기 위해서는 개인이 국가 외의 다른 어떠한 것에도 의존하지 못하도록 만들어야 하기 때문이다. 그러나 종교는 경험의 비이성적인 사실들에 대한 의지와 복종을 의미한다. 여기서 말하는 경험의 비이성적인 사실들은 사회적 · 육체적 조건들과 직접적으로 관련되어 있지 않다. 그것들은 개인의 심리적 태도와 훨씬 더 관계가 깊다.

그러나 삶의 외적 조건에 대해 어떤 태도를 가질 수 있는 때는 오직 그 조건의 바깥에 어떤 준거점(準據點)이 있을 때뿐이다. 종교가 그러한 준거점이 될 수 있다고 주장한다. 그렇게 함으로써 종교는 개인이 판단력과 결정권을 행사할 수 있도록 돕는다.

종교는 개인들이 각자 직면하고 있는 명백하고 불가피한 환경의 힘들에 맞서 싸우도록 돕는, 말하자면 일종의 지원군이 되어 준다. 외적인 세계에서만 사는 개인들은 자신의 발밑에 땅 외에는 다른 바탕을 아무것도 두고 있지 않다. 만일 통계적 현실이 유일한 현실이라면, 그것이 유일한 권위가 된다. 그렇다면 세상에는 단 하나의 조건밖에 없다. 그런 경우 그에 반하는 어떠한 조건도 존재하지 않기 때문에, 판단과 결정은 필요하지도 않을 뿐만 아니라 가능하지도 않다. 그러면 개인은 통계의 한 부분이 되고, 더 나아가 국가의 한 부분, 아니 다른 어떠한 이름으로 불리든 관계없이 어떤 질서의 추상적인 원칙의 한 부분이 된다.

그러나 종교는 "세상"의 권위와 정반대인 또 다른 권위를 가르친다. 신에 대한 개인의 의지라는 원칙은 그 개인에게 이 세상 만큼이나 강하게 어떤 요구를 한다. 심지어 이 요구의 절대성이 개인으로 하여금 세상과 멀어지도록 만들기도 한다. 개인이 집단 심리에 굴복할 때 자신으로부터 멀어지는 것과 똑같은 이치이다. 그 사람은 종교에 있어서도 교리를 위하여 자신의 판단력과 결정 능력을 잃을 수 있다. 종교가 국가와 타협하지 않을 경우 공개적으로 추구하는 목표가 바로 이것이다. 종교가 이런 목표를 추구할 때, 나는 그것을 "종교"가 아닌

"신념"이라고 부른다. 여기서 "신념"은 한정적인 집단적 믿음을 뜻하는 반면, "종교"는 형이상학적이고 물질세계 밖에 있는 어떤 요소와의 주관적인 관계를 표현한다. 하나의 "신념"은 주로 세상을 향한 신앙의 한 고백이며 따라서 세속에서 벌어지는 일이다. 그런 한편 종교의 의미와 목적은 신과 개인의 관계(기독교, 유대교, 이슬람교)나 해방의 길과 개인의 관계(불교)에 있다. 이런 기본적인 사실로부터 모든 윤리가 비롯되며, 신 앞에서의 개인적 책임이란 것이 없다면 모든 윤리는 인습적인 도덕으로밖에 불리지 못한다.

신념은 세속적인 현실과의 타협이다. 그렇기 때문에 신념은 스스로 그 관점과 교의와 관습을 점진적으로 성문화(成文化)하는 것을 의무로 여기며, 또 그렇게 함으로써 스스로를 외면화(外面化)한다. 그러다 보면 그 신념에 들어있던 진정한 종교적 요소, 즉 물질세계 밖에 있

는 준거점과의 관계를 생각하고 그 준거점을 직
시하려는 노력이 뒤로 밀려나게 된다. 또 종파
적인 관점이 전통적인 교의를 잣대로 내세우며
주관적인 종교적 관계의 가치와 중요성을 평가
하게 된다. 프로테스탄트처럼 이런 일이 자주
일어나지 않는 곳에서는, 누군가가 신의 의지의
안내를 받고 있다고 주장하면 그 즉시 경건주의
니 종파주의니 괴짜니 하는 소리가 들릴 것이
다. 하나의 신념은 어쩌다 기존의 확립된 교회
조직과 일치할 수도 있지만 그렇지 않을 경우에
도 어쨌든 하나의 공적인 단체로 자리 잡는다.
그런데 이 공적인 단체의 구성원들 중에는 진짜
신자도 있지만 대다수는 종교에 "무관심한" 상
태에서 단지 인습적으로 거기에 가담하는 사람
들이다. 바로 여기서 신념과 종교의 차이가 확
연히 드러난다.

　그러므로 어떤 신념의 신자가 된다는 것이
언제나 종교의 문제인 것은 아니다. 그보다는 사

회적인 문제가 될 때가 더 자주 있다. 그러한 것
으로서 신념은 그걸 믿는 개인에게 어떠한 토대
도 제공하지 못한다. 어떤 토대를 얻으려면 개인
은 이 세상의 것이 아닌 어떤 권위와의 관계에
전적으로 의지할 수 있어야 한다. 여기서 중요한
것은 어떤 신념에 대한 맹목적 찬양이 아니다.
그보다는 개인의 삶이 오직 그 개인의 자아나 의
견이나 사회적 요인에 의해서만 결정되는 것이
아니라, 그 이상은 아닐지라도 그 못지않게 어떤
초월적인 권위에 의해서도 결정된다는 심리적
사실이 중요하다.

제아무리 고매한 도덕적 원칙이라 할지라도
개인의 자유와 자율의 토대가 되어줄 수는 없으
며, 제아무리 전통적인 신념이라 할지라도 그렇
게 하지 못하긴 마찬가지이다. 유일하게 개인의
자유와 자율에 필요한 토대를 쌓을 수 있는 것은
경험적 인식뿐이다. 즉 인간과 이 세상 밖의 어
떤 권위 사이에 극히 개인적이고 호혜적인 관계

가 존재한다는 것을 경험하는 것만이 개인의 자유와 자율의 토대가 될 수 있다는 뜻이다. 세상 밖에 있는 이 권위가 이 "세상"과 이 세상의 "이성"이 균형을 잃지 않도록 바로잡아주는 평형추의 역할을 맡는다.

이런 식의 설명은 대중인간(대중사회의 전형적인 개인을 일컫는다. 특별한 가치관이나 뚜렷한 개성이 없고 개인적 및 사회적 책임감이 부족한 것이 특징이다/옮긴이)에게도 달갑지 않게 들리고 집단적인 신자에게도 달갑지 않게 들릴 것이다. 전자에겐 국가의 정책이 사고와 행위의 최고의 원칙이다. 정말로 대중인간이 계몽되는 목적도 바로 거기에 있으며, 따라서 대중인간은 국가의 한 부분이 되는 한에서만 개인에게 존재의 권리를 허락한다. 반면에 신자는 국가가 도덕적 및 실제적 권리를 갖는다는 점을 인정하면서도 인간만 아니라 인간을 지배하는 국가도 "신"의 지배에 종속되며 미심쩍은 상황에 처하게 되면 최고의 결정은 국가가 아니라 신에게서 나온다는 믿음을 고백한다. 여기서 나는 철학적 판단을 하지는 않을 것이다. 그래서 "세상" 즉 인간의 현상적 세계(인간에게 경험되는 세계를 뜻한다/옮긴이)와 자연이 신과 "반대"되는 것인지 여부를 따지는 문제는 그냥 두려 한다. 다만 나는 이 두 가지 경험의 영역 사이의 심리적 적대(敵對)가 신약성경 안에도 제시되어 있을 뿐만 아니라, 오늘날 독재국가들이 종교에 대해 갖는 부정적인 태도와 교회가 무신론과 유물론에 대해 갖는 부정적인 태도에도 매우 분명히 드러나고 있다는 사실을 지적할 뿐이다.

　하나의 사회적 존재로서 인간이 공동체와 연결되지 않고 장기적으로 존재할 수 없는 것과 똑같이, 개인도 외적 요인의 위압적인 영향을 상대화할 수 있는 초월적인 원칙이 아닌 다른 어떠한 곳에서도 자신의 존재와 자신의 영적 및 도덕적 자율에 대한 진정한 정당화를 결코 찾지 못할 것이다. 신에게 닻을 내리지 않은 개인은 자신이 가진 수단으로는 이 세상의 물질적 및 도덕적 유혹에 절대로 저항하지 못한다. 세상의 유혹에 저항하기 위해선 개인에 겐 내면의 초월적 경험의 증거가 필요하다. 이런 경험의 증거를 가진 개인은 그것이 없었을 경우에 불가피했을 대중 속으로의 함몰을 피할 수 있을 것이다.

단지 대중인간의 무력화와 도덕적 무책임을 지적으로나 도덕적으로 살피는 것만으로도 대중인간을 부정적으로 인식하게 되어 개인의 원자화를 초래할 그 길로 들어서지 않을 수 있을 것이다. 대중인간은 종교적 확신이 주는 그런 동력을 갖고 있지 않다. 그 이유는 대중인간이 그저 합리적이기만 하기 때문이다. 독재국가는 부르주아의 이성을 쉽게 주무른다. 독재국가는 개인만 아니라 그 개인의 종교적 힘까지 삼켜버린다. 국가가 신의 자리를 차지한다. 사회주의 독재정권이 곧 종교이고, 국가에 대한 예속이 숭배의 한 형태인 이유가 바로 거기에 있다. 그러나 종교의 기능이 이런 식으로 엉뚱한 곳으로 돌려지거나 왜곡될 때에는 반드시 비밀리에 회의가 생겨나게 되어 있다. 그런데 이 은밀한 회의는 사회를 지배하는 대중 지향성과의 충돌을 피하기 위해 그 즉시 억눌러진다. 그러한 경우에 늘 그렇듯이, 그 결과로 과잉보상(심리적 균형을 되찾기 위해 필요 이상으로 과도하게 노력하는 현상/옮긴이)이 나타난다. 이 광신은 곧 반대의 기미를 조금이라도 보이는 자들을 솎아내는 무기로 이용된다. 목적이 수단을, 심지어 비열하기 짝이 없는 수단까지 정당화한다는 구실로, 자유로운 의견이 억눌러지고 도덕적인 결정이 무자비하게 탄압을 받는다. 그러면 국가 정책이 하나의 신념으로까지 찬양을 받고, 리더나 당의 보스는 선과 악 그 너머에 존재하는 반신반인(半神半人) 같은 인물이 되고, 그

의 지지자들은 영웅이나 순교자, 사도, 선교사
로 떠받들어진다. 이제 진리는 단 하나뿐이며,
그 외의 다른 진리는 결코 있을 수 없다. 그 진
리는 극히 신성하며 비판의 대상이 될 수 없다.
달리 생각하는 사람이 있으면 누구든 이단자이
다. 역사를 통해 잘 알 수 있듯이, 이단자는 온
갖 불쾌한 방식으로 협박에 시달리게 된다. 오
직 정치권력을 손에 쥔 당의 우두머리만이 국
가의 원칙을 해석할 수 있을 뿐이다. 그는 자신
의 입맛에 맞는 쪽으로 그 원칙을 해석한다.

　대중통치를 통해서 개인이 'No. 000' 하는
식으로 하나의 사회적 단위가 되고 국가가 최고
의 원칙으로 떠받들어질 때, 종교의 기능 역시
그 혼란의 소용돌이 속으로 빨려 들어가게 될 것
이다.

　눈에 보이지 않고 또 통제 불가능한 어떤 요
소를 주의 깊게 관찰하고 설명하려는 노력으로
서의 종교는 인간에게만 나타나는 '본능적 태

도'이며, 종교의 증거는 인류 역사 내내 나타나고 있다. 종교의 분명한 목적은 사람들이 심리적 안정을 취하게 하는 것이다. 왜냐하면 자연적인 사람은 자신의 의식적인 활동이 외부 아니면 내면에서 일어나는 통제 불가능한 사건에 의해 언제든 방해받을 수 있다는 사실을 자연스레 알게 되기 때문이다. 이런 이유로 자연적인 사람은 자기 자신과 다른 사람들에게 중요한 결과를 안겨줄 어려운 결정을 내릴 때 종교적 성격을 지닌 조치들을 통해 안전을 기하려고 언제나 조심해왔다. 눈에 보이지 않는 신들에게 공물을 바치고, 최고의 기도를 올리고, 온갖 종류의 경건한 의식을 올린다.

시공을 초월하여 어느 시대 어느 곳에나 출생과 죽음의 의식(儀式)이 있었는데, 심리적 통찰을 하지 못하는 합리주의자들은 이 의식의 마법적 효험을 부정하며 그것을 마법 또는 미신이라고 공격한다. 그러나 마법은 무엇보다도 심리적인 효과를 발휘하며, 우리는 이 효과를 결코 과소평가해서는 안 된다.

"마법적인" 행위를 실행할 경우 관련된 사람들에게 어떤 결정을 현실로 구현하는 데 절대적으로 필요한 심리적 안전감을 준다. 그 이유는 결정이란 것이 불가피하게 다소 일방적인 성격을 띠게 되며, 그런 까닭에 위험하게 느껴질 수 있기 때문이다. 심지어 독재자까지도 자신의 국가 행위에 위험이 따를 수 있다고 판단하고 그 행위를 온갖 종류의 장엄을 다 갖춘 가운데서 해야 한다고 생각한다. 취주악대, 국기, 깃발, 퍼레이드, 도깨비 행렬도 원칙적으로 교회의 종교적 절차와 크게 다르지 않으며 악마들을 쫓는다는 불꽃놀이나 포성과도 다르지 않다. 다만, 국가 권력을 암시하는 퍼레이드는 집단 안전감을 낳을 수 있다. 이 안전감은 종교적인 과시와는 달리 각 개인들에게 내면의 귀신숭배 심리에 맞설 보호 장치를 전혀 주지 못한다. 그러므로 개인은

국가 권력에, 다시 말해 대중에 더욱더 매달리게
될 것이며 결과적으로 자신을 도덕적으로 뿐만
아니라 심리적으로도 대중에 완전히 내맡김으로
써 자신의 사회적 약화를 최종적으로 마무리짓
는다.

국가도 교회처럼 열정과 자기희생과 사랑을
요구한다. 만일 종교가 "신에 대한 두려움"을 필
요로 하거나 전제로 한다면, 독재국가는 필요한
공포를 불러일으키려고 노력한다.

합리주의자가 공격의 포문을 전통으로 내려
오는 그런 의식의 마법적 효과 쪽으로 돌린다
면, 그것은 사실 표적을 완전히 잘못 잡는 것이
다. 핵심인 심리적 효과가 간과되고 있기 때문
이다.

목적에 대한 양측의 인식에도 이와 비슷한
상황이 벌어지고 있다. 종교의 목적들, 즉 악으
로부터의 구원과 신에 대한 복종, 사후(死後)
의 보상 등이 일용할 빵의 부담으로부터의 자

유와 물질적 재화의 공정한 분배, 미래의 보편
적 번영, 근로시간 축소에 관한 세속적 약속으
로 바뀌고 있다. 이런 약속들의 완수가 천국만
큼이나 멀다는 사실은 비유적으로 대중이 초월
적인 목표에서 지극히 세속적인 믿음으로 개종
했다는 점을 강조한다. 이제 대중은, 신념이 다
른 방향으로 보여주는 것과 똑같은 종교적 열
기와 배타성으로, 이 세속적 믿음을 찬양하게
된다.

　불필요하게 말을 되풀이하지 않기 위해, 나
는 세속적인 믿음과 초월적인 믿음 사이의 비슷
한 점을 일일이 열거하지는 않겠다. 그 대신에
나는 종교적 기능처럼 인류 역사 초기부터 존재
해 온 자연적인 기능은 합리적이거나 소위 말하
는 계몽적인 비판에 의해 절대로 사라지지 않는
다는 사실을 강조하는 것으로 만족하고 싶다. 물
론 당신은 신념에 담긴 교의적인 내용들을 실현
불가능한 것으로 치부하고 조롱할 수도 있다. 그

렇지만 그런 방법은 핵심을 놓치고 있으며, 따라서 그 신념의 근본을 이루는 종교적 기능을 맞히지 못하고 있다.

심리의 비합리적인 요소들과 개인의 운명을 신중히 고려한다는 점에서 보면, 국가와 독재자의 신격화에서 종교가 사악하게 뒤틀린 모습으로 다시 나타난다. '본성은 아무리 내쫓아도 다시 나타나게 되어 있다'고 하지 않았던가. 그러므로 지도자들과 독재자들은 상황을 정확히 파악한 다음에 카이사르의 신격화와 너무도 비슷한 것을 적당히 얼버무리면서 자신들의 진짜 권력을 국가라는 허구의 뒤로 숨기려고 최대한 노력하고 있다. 물론 이렇게 한다고 해서 실상은 하나도 달라지지 않는다.

앞에서 이미 지적했듯이, 독재국가는 개인으로부터 권리들을 박탈하는 외에 개인이라는 존재의 철학적 바탕까지 빼앗음으로써 심리적으로 그의 발밑의 땅까지 꺼지게 해 버렸다. 그러면

인간 존재 개개인의 윤리적 결정은 더 이상 중요
하지 않다. 유일하게 중요한 것은 대중의 맹목적
인 행동이며, 이리하여 그릇된 신념이 정치행위
의 원칙이 되었다. 이로부터 국가는 논리적인 결
론을 끌어냈다. 모든 권리를 완전히 박탈당한 수
백만 명의 국가 노예들이 존재한다는 사실이 침
묵으로 증명하고 있듯이 말이다.

　독재국가와 종파적인 종교는 똑같이 '공동
체' 사상을 특별히 강조한다. 이는 "공산주의"
의 근본적인 이상이다. 그런데 그것을 인민들
의 목구멍으로 지나치게 강압적으로 쑤셔 넣은
탓에 바랐던 효과와 정반대의 결과가 나왔다.
그것이 오히려 분열적인 불신을 조장하고 있는
것이다.

　공동체의 이상으로서 그 못지않게 강조되고
있는 교회는 그 반대편에 선다. 프로테스탄트처
럼 교회조직이 유독 허약한 곳에서는, "공동체
적 경험"에 대한 소망이나 믿음이 응집력의 결

여를 보완한다. 쉽게 확인되듯이, "공동체"는 대
중의 조직에는 필요 불가결한 보조기구이며 그
때문에 양날의 검이다.

0을 아무리 많이 더해도 절대로 하나의 단
위를 만들 수 없는 것과 똑같이, 하나의 공동체
의 가치는 그것을 구성하는 개인들의 정신적
및 도덕적 수준을 넘어서지 못한다. 바로 이런
이유로 공동체로부터는 그 환경의 암시적인
영향을 능가하는 것은 어떤 것도 기대하지 못
한다. 말하자면 좋은 쪽으로든 나쁜 쪽으로든
개인들의 내면에서 진정하고 근본적인 변화가
일어나기를 기대할 수 없다는 뜻이다. 그러한
변화들은 오직 사람과 사람 사이의 개인적 접
촉을 통해서만 일어날 수 있다. 개인의 영적인
부분을 건드리지 않는, 집단으로 이뤄지는 공
동체적 세례 또는 기독교적 세례로는 그런 변
화가 일어나지 않는다. 공동사회의 이상은 정
작 주인공을 빠뜨리고 있다. 그 이상을 뒷받침

해야 할 개별적인 인간 존재를 간과하고 있다
는 뜻이다.

3
—

종교 문제에 대한
서구의 입장

20세기에 사태가 앞에서 설명한 대로 전개되는 것을 직시하면서, 서유럽은 형이상학에 바탕을 둔 유대-기독교 윤리의 보물인 로마법이라는 유산과 양도할 수 없는 인간의 권리라는 이상을 견지하고 있다. 그러면서 서유럽은 근심스런 마음으로 스스로에게 이런 질문을 던지고 있다. 어떻게 하면 이런 식의 전개를 정지시키거나 거꾸로 돌릴 수 있을까?

사회주의 독재정권을 몽상가라고 조롱하고 그런 정권의 경제원칙이 비합리적이라고 비판해

봐야 아무런 소용이 없다. 왜냐하면 첫째, 그런 식으로 비판을 해보았자 그 비판의 소리는 철의 장막 이쪽에서만 메아리칠 것이고 둘째, 당신이 좋아하는 어떠한 경제원칙이든 거기에 따를 희생을 감수할 각오만 되어 있다면 현실에 적용할 수 있기 때문이다.

만일 스탈린처럼 300만 명의 농민들이 굶어 죽게 내버려두고 또 몇 백만 명의 무임 노동자들을 마음대로 동원할 수만 있다면, 당신은 자신이 원하는 어떠한 사회적 · 경제적 개혁이라도 실시할 수 있다. 이런 종류의 국가에는 두려워해야 할 사회적 · 경제적 위기가 절대로 있을 수 없다. 국가권력이 아무런 손상을 입지 않고 그대로 지켜지는 한, 말하자면 훈련이 잘 되고 배불리 먹는 경찰군인들이 출동 태세를 갖추고 있는 한, 그 국가는 무한히 오랫동안 존속할 수 있으며 또한 무한히 권력을 키워갈 수 있다. 과도하게 높은 출생률 덕분에, 그 국가는 라이벌 국가들과 경쟁하기 위해 무임 노동자의 수를 마음대로 늘릴 수 있다. 임금 수준에 영향을 크게 받는 세계 시장은 개의치 않고 말이다.

그런 나라의 경우 진정한 위험은 군사적 공격의 위협을 통해 외부에서만 올 수 있다. 그러나 이 위험도 해가 갈수록 줄어들고 있다. 첫 번째 이유는 독재국가들의 군사력이 꾸준히 증대되고 있기 때문이며, 두 번째 이유는 서유럽이 선의에서 시작했다가 자칫 그릇된 방향으로 빠져들 수도 있는 공격을 통해서 러시아나 중국에 잠재해 있을 민족주의와 쇼비니즘(배외주의)을 일깨울 수 없기 때문이다.

내가 아는 한, 가능성은 한 가지밖에 없다. 그것은 그 국가들의 내부에서 권력의 붕괴가 일어나는 것이다. 그러나 그 권력의 붕괴도 자체적으로 내부의 전개를 따르도록 가만 내버려둬야 한다. 현재로선 외부의 그 어떤 지원도 거의 아무런 효과를 내지 못할 것이다. 기존의 안보 조치들과 민족주의적 반발의 위험을 고려하면 그렇다.

독재국가는 위로부터 지시받은 대외정책을 광적으로 따를 일단의 선전자들을 두고 있다. 이 선전자들은 서유럽 국가들의 법과 헌법 아래에서 보호를 받는 제5열(국가 같은 큰 조직의 기반을 내부에서 암암리에 훼손시키는 집단을 일컬음/옮긴이)을 이용할 수 있다. 게다가 서유럽 국가들 내의 신봉자들의 집단이 적소(適所)에 매우 확고하게 자리 잡은 상태에서 서유럽 정부의 결정권을 상당히 약화시키고 있다.

그런 반면 서유럽은 라이벌 국가들에게 그와 비슷한 영향력을 행사할 기회를 전혀 갖지 못하고 있다. 비록 동유럽의 대중 사이에 어느 정도의 반대자들이 있을 것이라는 짐작이 틀리지 않다 하더라도, 서유럽의 입장이 동유럽 국가들과 다른 것만은 사실이다. 거짓말과 학정을 혐오하고 진리를 사랑하는 정직한 사람은

어디에나 늘 있게 마련이다. 그러나 그런 사람
들이 경찰국가의 체제 아래에서 대중에게 결정
적인 영향력을 행사하는지에 대해서는 정확히
알 수 없다.

　이런 불편한 상황에서, 서유럽에서는 다음
과 같은 질문이 거듭 제기된다. 동유럽의 위협
에 맞서기 위해 우리가 할 수 있는 것은 무엇일
까? 비록 서유럽이 상당한 경제력과 방어력을
확보하고 있다 할지라도, 우리는 여기서 만족
하며 마음을 놓을 수 없다. 왜냐하면 군사력이
아무리 크고 경제력이 아무리 막강하다 하더
라도 종교나 다름없는 열광이 퍼뜨리는 심리적
전염을 차단하기에는 역부족이기 때문이다. 그
런데 불행히도 서유럽은 강력한 열정이 결여된
가운데서 이상주의와 이성 등 바람직한 미덕에
호소하는 것이 부질없는 소리와 분노의 표현
에 지나지 않는다는 사실을 깨닫지 못하고 있
다. 그것은 종교나 다름없는 믿음의 광풍에 아

주 쉽게 묻혀버리는 한 줄기 바람에 지나지 않는다.

　종교와 다를 바 없는 믿음이 우리의 눈에 제아무리 이상하고 왜곡된 것처럼 비칠지라도, 그 힘은 대단하다. 지금은 이성적인 논쟁이나 도덕적 논쟁으로 극복할 수 있는 상황이 아니다. 시대정신에 의해 생겨난 감정적 힘과 사상이 폭발할 지경에 이르렀다. 우리 모두 경험을 통해 알고 있듯이, 그 감정적 힘과 사상은 이성적 반성의 영향을 그다지 받지 않으며, 도덕적 훈계의 영향은 더더욱 받지 않는다. 그 감정적 힘과 사상에 대한 해독제는 비(非)물질적이면서도 똑같이 강력한 어떤 믿음이 되어야 한다. 그 믿음에 근거한 종교적인 태도가 심리적 전염의 위험에 효과적으로 맞설 수 있는 유일한 방어라는 점이 여러 영역에서 확인되었다. 이런 논조의 글에 빠짐없이 등장하는 '되어야 한다'는 표현은 불행하게도 간절히 필요한 이런 태도가 부재하지는 않다 하더라도 그리 강하지도 않다는 것을 암시한다.

서유럽은 광적인 이대올로기의 전진을 봉쇄할 수 있는 통일된 믿음을 갖추고 있지 않은 데서 그치지 않고 있다. 마르크스주의 철학의 아버지로서 서유럽은 동유럽과 똑같은 정신적 가설들과 논쟁과 목적을 이용하고 있다.

서유럽의 교회들이 완전한 자유를 누리고 있다고 해서 동유럽에 비해 덜 충만하거나 덜 공허하지는 않다. 그럼에도 교회들은 광범위한 정치과정에 이렇다 할 영향력을 발휘하지 못하고 있다.

하나의 공적 단체로서 신념의 단점은 그것이 두 개의 주인에게 봉사한다는 점이다. 한편으로 보면 신념은 그 존재를 인간과 신의 관계에서 끌어낸다. 다른 한편으로 보면 신념은 국가 즉 세상에 어떤 의무를 진다. 바로 이 후자의 연결 속에서 신념이 "카이사르의 것은 카이사르

에게……"라는 표현을 포함한 신약성경 속의 다
양한 훈계와 직결된다. 그러기에 기독교 초기는
물론이고 비교적 최근까지도 "하느님이 내린 권
력"('로마서' 13장 1절)이라는 말이 회자될 수 있
었다. 오늘날에 이르러서야 이 사상은 케케묵은
것으로 통하게 되었다.

교회들은 전통적이고 집단적인 확신을 대표
하는데, 교회의 추종자들 중 많은 이들에게 이
확신은 더 이상 그들 자신의 내면적 경험에 바탕
을 두고 있지 않고 분별없는 믿음에 바탕을 두고
있다. 그런데 이 분별없는 믿음이란 것은 사람들
이 그 믿음에 대해 깊이 생각하기 시작하는 순
간 쉽게 사라져버리는 것으로도 이름이 높다. 믿
음에 대해 생각하기 시작하기만 하면, 그 믿음의
내용이 지식과 충돌을 빚게 되며, 믿음의 비합리
적인 면이 지식의 추론에 결코 맞서지 못하는 것
으로 확인된다. 믿음은 내면적인 경험을 절대로
대체할 수 없으며, 내면적인 경험이 부재하는 곳

에서는 은총의 선물로 기적처럼 생겨난 강한 믿음조차도 생겨날 때와 똑같이 기적처럼 사라져 버릴 것이다.

사람들은 신앙을 진정한 종교적 경험이라고 부른다. 그러나 실제로 보면 그것은 우선 우리의 내면에서 신뢰와 충성을 불러일으킬 어떤 사건이 일어났다는 사실에서 비롯되는 부차적인 현상이다. 그런데도 사람들은 그런 것을 생각해 낼 만큼 마음의 여유를 갖지 못하고 있다. 여기서 말하는 어떤 사건의 경험은 이런저런 종파적인 신념으로 해석될 수 있는 명확한 내용물을 갖고 있다. 그러나 이런 식으로 해석될수록, 그 경험이 지식과 충돌을 빚을 가능성 또한 더욱 커진다. 이때의 충돌은 원래 무의미하다. 신념의 관점이 케케묵었기 때문이다.

신념은 인상적인 신화적 상징으로 가득한데, 엄밀히 따지고 들면 그 상징은 지식과 충돌하게 되어 있다. 그러나 만약에 예수 그리스도가 죽음에서 부활했다는 내용을 글자 그대로의 의미가 아니라 상징으로 이해한다면, 그 내용은 다양하게 해석될 수 있으며, 또 그 해석은 지식과 충돌하지도 않고 그 표현의 의미를 훼손시키지도 않는다. 그 표현을 상징적으로 이해하면 불멸이라는 기독교인의 소망이 물거품이 되고 만다는 식의 반대는 터무니없다. 왜냐하면 기독교가 도래하기 오래 전부터 인간이 사후의 생명을 믿고 있었던 까닭에 불멸의 증거로 예수 그리스도의 부활을 필요로 하지 않았기 때문이다. 오늘날엔 교회가 가르치는 대로 글자 그대로 이해된 신화가 깡그리 부정될 위험이 그 전 어느 때보다 크다. 지금은 기독교 신화를 버려야 할 때가 아니라 이따금 상징적으로 해석해야 할 때가 아닌가?

마르크스주의자들의 국가 종교와 교회의 국가 종교 사이에 치명적인 유사점이 있다는 것을 대체로 인정할 경우, 그 영향이 어떤 식으로

나타날 것인지를 말하기는 아직 이르다. 인간의
세계에도 '신의 도성'(Civitas Dei) 같은 것이 있
다는 절대론자의 주장은 불행히도 국가의 '신
성'과 닮은 점이 있으며, 이그나티우스 로욜라
(Ignatius Loyola(1491-1556): 예수회를 창설한 스페인
성직자/옮긴이)가 교회의 권위로부터 끌어낸 도덕
적 결론("목적이 수단을 신성화한다")은 그릇된 신
념을 지나치게 위험한 쪽으로 도구화하는 것을
예고하고 있다.

　　마르크스주의자들과 교회는 공히 믿음에 대
한 무조건적 복종을 요구하며 따라서 인간의 자
유를 제한한다. 전자는 신 앞에서의 자유를 제
한하고, 후자는 국가 앞에서의 자유를 제한한다.
그리하여 둘 다 개인들을 묻을 무덤을 파고 있
다. 양쪽이 각각 물질적 낙원과 영적 낙원의 도
래를 약속하고 있음에도 불구하고, 개인이라는
연약한 존재는, 말하자면 생명의 독특한 주인공
은 양쪽 모두로부터 협박을 받고 있다. 우리들

중에서 얼마나 많은 수의 사람들이 "손 안에 든 한 마리의 새가 숲 속의 두 마리보다 낫다"는 유명한 지혜에 장기적으로 맞설 수 있겠는가? 이런 지혜 외에도, 내가 앞에서 설명한 바와 같이, 서유럽은 동유럽의 국가 종교와 똑같이 통계적인 평균으로 축소하는 경향이 강하고 물질적인 목적을 가진 "과학적"이고 합리적인 관점을 선호한다.

그렇다면 정치적·종파적 분열을 안고 있는 서유럽이 곤경에 처한 현대인에게 제시할 수 있는 것은 무엇인가? 불행히도 마르크스주의자의 이상과 실질적으로 구분되지 않는 어떤 목적에 이르는 다양한 길들을 제시하는 것 외에는 아무것도 없다.

공산주의 이데올로기가 어디서 시간이 자신의 편이라고 확신하게 되었고 또 세계가 개종을 받아들일 준비가 되어 있다고 확신하게 되었는지를 이해하는 데는 특별한 노력이 전혀 필요하지 않다. 사실들이 너무나 명백한 언어로 말을 하고 있는 것이다. 서유럽이 현실에 눈을 감고 치명적인 약점을 인정하지 않는 것은 우리에게 도움이 되지 않을 것이다.

집단적 믿음에 절대적으로 복종하고 또 자신의 자유에 대한 영원한 권리와 개인적 책임의 의무를 포기하는 것을 배운 사람은 언제나 그런 태도를 견지하게 될 것이다. 만일 겉보기에 "더 나아 보이는" 또 다른 믿음이 그의 이상주의 위로 슬그머니 얹어진다면, 그 사람은 이번에는 반대 방향으로 그 전과 똑같이 무비판적으로 그 믿음을 쉽게 받아들일 것이다. 문명화된 유럽의 어느 나라에서 얼마 전에(이 글이 쓰인 시점은 1950년대였음/옮긴이) 어떤 일이 벌어졌는가? 우리는 독일인들이 벌써 그 일을 깡그리 망각했다고 비난한다. 그러나 중요한 것은 그와 비슷한 일이 다른 곳에서는 일어나지 않는다고 자신있게 말할 수 없다는 사실이다. 만

일 그런 일이 일어나서 또 다른 문명국가가 획
일적이고 일방적인 어떤 사상의 전염에 굴복한
다 하더라도, 그건 그다지 놀라운 일이 아닐 것
이다.

서유럽의 정치적 등뼈 역할을 맡고 있는 미
국은 노골적으로 취하고 있는 대립적인 태도
때문에 그 전염에 영향을 받지 않는 것처럼 보
인다. 그러나 사실은 미국이 유럽보다 훨씬 더
취약하다. 왜냐하면 미국의 교육제도가 통계
적 진리를 강조하는 과학적인 세계관의 영향을
가장 많이 받고 있으며, 또 여러 인종이 뒤섞인
인구 분포 탓에 사실상 역사가 없는 것이나 마
찬가지여서 무엇이든 뿌리를 내리기가 더욱 어
렵기 때문이다. 그런 환경에 간절히 필요한 역
사적이고 인문적인 교육은 의도한 목적을 이루
지 못하고 있다. 유럽은 역사적이고 인문적인
교육 시스템을 갖추고 있다. 그럼에도 유럽은
민족적 이기주의의 형태로 스스로를 파멸시키

고 회의(懷疑)를 마비시키는 쪽으로 그 시스템
을 이용하고 있다. 미국과 유럽에 공통적으로
있는 것은 물질적이고 집단적인 목표이며, 미
국과 유럽에 공통적으로 없는 것은 온전한 인
간을 표현하고 이해할 바로 그것, 즉 개별적인
인간 존재가 만물의 척도로서 세상의 중심에
선다는 사상이다.

　　이 사상만으로도 모든 영역에서 매우 강력한
회의와 저항을 불러일으킬 수 있다. 그러면 사
람들은 다수와 비교할 때 개인은 무가치한 존재
에 지나지 않는다는 사상은 다수가 동의하는 하
나의 신념에 불과하다는 생각을 품게 될 것이
다. 분명, 우리 모두는 지금이 보통 사람의 세기
이고, 보통 사람이 이 땅과 하늘과 바다의 주인
이고, 보통 사람의 결정에 국가의 역사적 운명이
달려 있다고 말한다. 인간의 위대함을 그린 이런
멋진 그림은 불행히도 하나의 착각에 불과하며,
그와 매우 다른 현실에 의해 크게 훼손되고 있

다.

현실을 들여다보면 인간은 자신을 대신하여 공간과 시간을 정복한 기계들의 노예이며 희생자이다. 인간은 자신의 육체적 존재를 지켜줄 것이라고 생각하는 바로 그 전쟁 기술의 파괴력 때문에 겁을 먹고 위험한 처지에 놓여 있다. 인간의 정신적 · 도덕적 자유는 인간 세상의 반쪽에서 제한적이나마 보장되고 있음에도 방향감각을 상실함으로써 위협을 받고 있다. 또 인간 세상의 다른 반쪽에서는 그 자유가 송두리째 짓밟히고 있다.

마지막으로 이런 비극에 코미디 같은 이야기를 하나 더한다면, 우주의 중재자라는 보통 사람이 자신의 존엄이 무가치하고 또 자신의 자율이 불합리하다는 생각을 품고 있다는 점이다. 그의 모든 성취와 소유는 그를 더 크게 만들지 못한다. 그와 반대로 그를 더 작아지게 만든다. 재화의 "공정한" 분배라는 원칙 하에서 공장 노동자가 직면하고 있는 운명이 분명히 보여주는 것처럼 말이다.

4
—

개인의
자기이해

사람이, 그러니까 앞에 소개한 모든 일들을 처음 일으키고 주동하고 이끌어가고 또 모든 판단과 결정을 내리고 미래를 계획하는 바로 그 존재가 스스로를 그처럼 쓸모없는 존재로 전락시킨다는 사실은 몹시 놀라운 일이다. 그 모순, 즉 사람이 자신과 똑같은 사람에 대해 내리는 그런 역설적인 평가는 정말 이상하다. 그런 현상에 대해 우리는 판단의 기묘한 불확실성에서 비롯되는 것이라고밖에 설명하지 못한다. 다시 말하면, 사람이라는 존재는 그 자신에게조차도 수수께끼라는 뜻이다. 사람이 자기지식을 얻는 데 반드시 필요한 비교의 수단을 갖고 있지 못하다는 점을 고려한다면, 이것도 이해할 만하다.

사람은 해부학과 생리학의 측면에선 스스로를 다른 동물과 구분하는 방법을 안다. 그러나 언어의 재능을 타고났고 또 지각 능력이 있으며 성찰할 줄 아는 존재로서, 사람은 자기 자신을 비판적으로 직시하는 데 필요한 자질을 모두 결여하고 있다.

이 지구상에서 사람은 다른 그 어떤 것과도 비교되지 않는 하나의 독특한 현상이다. 그러하기에 비교와 그에 따를 자기지식은 인간이 다른 별들에 살지 모르는, 인간과 유사한 포유동물과 관계를 확고히 맺을 수 있을 때에나 기대할 수 있을 것이다.

그런 날이 올 때까지 인간은 계속 은둔자(隱遁者)를 닮은 모습을 보일 것이다. 비교해부학의 측면에서는 자신이 유인원(類人猿)과 닮은 점이 있지만, 심리의 측면에서는 얼핏 보아도 그의 '사촌들'과 매우 다르다는 것을 아는 그런 존재로 남을 것이란 뜻이다. 이 은둔자가 자신을 알지 못하고, 그런 까닭에 자기 자신에게조차도 미스터리인 이유는 그의 종(種)이 지닌 그런 중요한 특징에 있다. 그의 종(種) 안에 나타나는 차이의 정도는, 비슷한 구조를 가졌지만 그 기원이 다른 어떤 생명체와의 조우를 통해 얻을 수 있는 자기지식의 가능성에 비하면 아무것도 아니다.

이 지구에서 인간의 손에 의해 이뤄진 모든 역사적 변화들의 주된 원인인 인간의 심리는 여전히 풀 수 없는 하나의 퍼즐로, 이해되지 않는 하나의 경이로, 영원히 인간을 당혹스럽게 만들 하나의 대상으로 남아 있다. 그것은 자연의 비밀에 버금가는 비밀이다. 자연의 비밀이라면 그래도 더욱 많은 것을 발견해낼 것이라고, 그러다 보면 제아무리 어려운 문제라도 그 해답을 찾을 수 있을 것이라고 우리는 여전히 희망을 품을 수 있다. 그러나 인간의 정신과 심리에 관한 문제에서는 이상하게도 어떤 망설임 같은 것이 느껴진다. 심리학은 경험과학의 여러 분야 중에서도 역사가 가장 짧을 뿐만 아니라 연구의 대상에 가까이 다가가는 일에서조차도 대단한 어려움을 겪고 있다.

태양계에 대한 인간의 그릇된 생각이 코페르니쿠스에 의해 버려질 수 있었던 것과 같이, 심리학은 우선 신화처럼 내려오는 관념의 주문(呪文)에서 풀려날 필요가 있다. 그 다음에는 정신은 한편으로는 뇌에서 일어나는 생화학 작용에 따른 부수적 현상에 지나지 않는다거나 다른 한편으로는 전적으로 접근 불가능하고 난해하기 짝이 없는 것이라는 편견으로부터 자유로워지기 위해서 거의 혁명적인 성격의 노력이 필요하다. 뇌와 연결되어 있다는 사실이 그 자체로 정신이 부수현상이라는 점을, 말하자면 뇌의 생화학적 작용에 따라 일어나는 부차적인 기능이라는 점을 증명하지 못한다.

그럼에도 불구하고 우리는 유감스럽게도 정신적 기능이 뇌에서 일어나는 증명 가능한 작용의 영향을 받을 수 있다는 사실을 아주 잘 알고 있다. 이런 사실이 매우 인상 깊게 새겨진 탓에 정신의 본질이 종속적인 것처럼 보인다. 그러나 초(超)심리학의 여러 현상이 우리들에게 조심하라고 경고하고 있다. 초심리학의 현상이 정신적 요인을 통한 공간과 시간의 '상대화' 같은 것을 암시하고 있기 때문이다. 바로 이 상대화가 정신적인 것과 육체적인 것의 유사점들에 대한 우리의 순진하고 성급한 설명에 의문을 제기한다.

이런 성급한 설명을 그대로 지키기 위해, 사람들은 철학적 이유에서나 아니면 지적 태만 때문에 초(超)심리학의 발견들을 노골적으로 부정한다. 이는 결코 과학적으로 책임 있는 태도로 여겨질 수 없다. 비록 대단히 어려운 지적 난국에서 벗어나는 방법으로는 그런 태도가 인기 있을지는 몰라도, 그건 학자로서 진실한 태도가 아니다. 정신적 현상을 평가하려면 우리는 그 현상과 더불어 나타나는 다른 모든 현상들을 고려해야 한다. 그러면 무의식의 존재나 초(超)심리학의 존재를 무시하는 심리학이면 어떠한 것이든 더 이상 통할 수 없게 된다.

뇌의 구조와 생리기능은 정신작용에 대해 어떠한 설명도 내놓지 못한다. 정신은 다른 것으로는 절대로 환원되지 않는 특이한 성격을 갖고 있다. 생리기능처럼 정신도 비교적 독립적인 경험의 분야인데, 우리는 이 분야에 상당히 특별한 중요성을 부여해야만 한다. 그 이유는 정신 안에 존재를 위해 반드시 필요한 두 가지 조건 중 하나가 담겨 있기 때문이다. 의식의 현상(現象)이 그것이다. 의식이 없다면, 직설적으로 말해 세상이 존재하지 않을 것이다. 왜냐하면 세상이란 것은 정신에 의해 의식적으로 곰곰 생각되고 표현될 때에만 그러한 모습으로 존재하기 때문이다. 의식은 존재의 한 전제조건인 것이다.

이리하여 정신은 하나의 우주적 원리와 같은 존엄을 얻으며, 이것이 철학적으로나 실질적으로나 정신에게 육체적 존재의 원리와 동등한 지위를 부여한다. 이 의식을 갖고 다니는 존재가 바로 개인인데, 이 개인은 자신의 정신을 자신의 의지대로 만들기는커녕 오히려 그와 반대로 의식에 의해 형성되며 어린 시절 동안에 의식의 점진적 자각에 의해 성장하게 된다. 만일 정신에게 경험에 입각한 중요성이 전폭적으로 주어진다면, 그 정신을 즉시적으로 표현할 수 있는 유일한 존재인 개인에게도 또한 그런 중요성이 부여되어야 한다.

이 사실은 두 가지 이유로 특별히 강조되어야 한다. 첫째, 개인의 정신은 바로 그 자체의 개성 때문에 통계적 규칙의 예외인데 언제나 실제보다 깎아내리게 되어 있는 통계적 평가의 영향을 받을 때 그 중요한 특성을 강탈당하기 때문이다. 둘째, 교회들은 자신들의 교의를 인정하는 정신에 한에서만 그 정당성을 인정한다. 달리 말하면 정신이 어떤 집단적인 범주에 속할 때에만 그것을 인정한다는 뜻이다.

두 경우 모두에서 개성을 간직하려는 의지는 이기적인 고집으로 여겨진다. 그런 의지를 과학은 주관주의라고 폄하하고, 교회는 이단이거나 영적 자만이라는 식으로 도덕적으로 비난한다. 후자에 관해서라면, 다른 종교들과 달리 기독교는 그 핵심에 어떤 상징을 갖고 있다는 점을 망각해서는 안 된다. 어떤 상징이냐 하면, '사람의 아들'인 한 남자의 개인적인 삶의 방식에 관한 이야기를 담고 있는 그런 상징이다. 심지어 기독교는 이 '개성화'(사람이 자신의 진정한 자기를 자각해가는 과정을 말한다/옮긴이) 과정을 신 자신의 구체화와 현시로 여기기까지 한다. 바로 여기서 '자기'의 확장이 어떤 의미를 얻는데, 이 의미가

함축하는 바를 평가하는 작업은 아직 시작조차 되지 않았다. 그 이유는 외적인 것에 지나치게 관심을 쏟다보니 즉시적으로 일어나는 내면의 경험을 확인할 길이 차단되어 있기 때문이다. 많은 사람들이 개인의 자율을 은밀히 갈망하지 않았다면, 개인의 자율이 도덕적으로나 정신적으로 집단적인 억압을 버텨내지 못했을 것이다.

이 모든 장애물들 때문에 인간 정신을 적절히 평가하는 것이 더욱 어려워진다. 그러나 이런 장애물도 반드시 언급해야 할 다른 어떤 놀라운 사실에 비하면 그다지 중요하지 않다. 그것은 바로 정신의학 분야에서 흔히 겪는 경험으로, 심리학적 계몽에 대한 저항과 정신에 대한 평가절하가 대부분 어떤 두려움에 근거하고 있다는 사실이다. 무의식의 영역에서 이뤄질지도 모를 발견들에 대한 근거 없는 두려움 말이다. 지그문트 프로이트가 무의식을 그린 그림에 깜짝 놀란 사람들 사이에서만 이런 두려움이 발견되는 것은 아니다. 이 두려움은 정신분석의 창시자인 프로이트까지 걱정하게 만들었다. 이 창시자마저도 혹시 있을지 모르는 "신비주의의 시커먼 홍수의 범람"에 맞설 이성의 유일한 성채로 독단적인 성(性)이론을 만들 필요가 있었다고 나에게 고백했으니 말이다. 이런 단어들을 빌려 프로이트는 무의식에는 "신비주의적인" 해석을 가능케 하는 것들이 많이 들어 있다는 확신을 표현하고 있었다.

본능을 그야말로 본능적으로 표현하는 이런 원형(原型)들(인간들 사이에서 보편적으로 이해되는 상징이나 이미지, 행동의 패턴을 일컫는다. 융은 인간의 집단 무의식에 이런 상징이나 이미지들이 자리 잡고 있다고 주장한다. 이 무의식은 개인이 죽어도 사라지지 않고 인류 공통의 유산으로 집단적으로 공유된다고 한다/옮긴이)은 간혹 공포를 불러일으키는 신비적인 특징을 갖고 있다. 이 원형들을 지워버리는 것은 불가능한 일이다. 왜냐하면 그것들이 정신의 근본적인 바탕을 이루고 있기 때문이다. 그 원형들은 지적으로는 파악되지 않는다. 그리고 어떤 사람이 그 원형들의 한 징후를 파괴했다 하더라도, 그 원형들은 형태를 바꿔가며 다시 나타난다. 자기지식을 방해할 뿐만 아니라 심리학에 대한 보다 광범위한 이해와 지식을 어렵게 만드는 것이 바로 무의식적인 정신에 대한 이런 두려움이다. 이 두려움이 워낙 큰 나머지 자기 자신에게조차도 그 두려움을 감히 인정하지 못하는 경우도 종종 있다. 바로 여기에 신앙심 깊은 사람이 매우 진지하게 고려해야 할 어떤 물음이 있다. 그러면 그 사람은 계몽적인 대답을 얻게 될 것이다.

과학 지향적인 심리학은 추상적으로 나아가게 되어 있다. 달리 말하면, 그런 심리학은 연구 대상으로부터 그 대상이 겨우 보일 지점까지 최대한 뒤로 물러선다는 뜻이다. 실험실 심리학의 발견들이 그 실용적인 목적에도 불구하고 재미가 없고 형편없을 정도로 계몽적이지 못한 이유도 바로 거기에 있다. 개별적인 대상이 시야를 꽉 채울수록, 거기서 나온 지식은 더욱 더 실용적이고 더욱 더 세세하고 더욱 더 살아 꿈틀거릴 것이다. 이는 곧 연구의 대상도 더욱 더 복잡해지고, 개인적인 요소들의 불확실성이 그 요소들의 숫자에 비례하여 더욱 커지고, 따라서 실수의 가능성을 더욱 높인다는 것을 의미한다. 충분히 이해할 수 있듯이, 학계의 심리학은 이런 위험에 지레 겁을 먹고는 복잡하고 성가신 일을 피하는 쪽을 선호한다. 그러면서 학계의 심리학은 자연에게 던질 질문을 선택하는 자유를 철저히 누리고 있다.

반면 의료계의 심리학은 이처럼 부러움을 살 만한 지위와는 거리가 아주 멀다. 의료계에서는 연구 대상이 질문을 던지지 실험자가 질문을 던지지 않는다. 의사는 자신이 선택하지 않은 사실들을 직면하고 있다. 그 사실들은 만일 그 의사가 자유로운 위치에 있었다면 결코 선택하지 않았을 것들이다.

결정적인 질문을 던지는 쪽은 질병이나 환자이다. 달리 표현하면, 자연이 의사를 대상으로 실험을 하면서 그로부터 어떤 대답을 기대하고 있다. 개인과 그 개인이 처한 상황의 독특함이 의사의 얼굴을 뚫어져라 응시하면서 어떤 대답을 요구한다. 의사로서의 의무가 그 의사로 하여금 불확실한 요소들로 가득한 어떤 상황을 헤쳐 나가도록 강요한다. 그러면 먼저 의사는 일반 경험에 근거한 원칙들을 적용할 것이다. 그러나 곧 이런 종류의 원칙들이 사실들을 적절히 표현하지 못하고 있으며 그 병의 본질과 맞아떨어지지 않는다는 사실을 깨달을 것이다.

의사의 이해가 깊어질수록, 일반 원칙들은 그 의미를 더욱 잃어갈 것이다. 그러나 객관적인 지식의 토대를 이루고 또 객관적인 지식을 측정하는 잣대가 되는 것은 여전히 이 원칙들이다.

환자와 의사가 똑같이 "이해"의 폭을 더욱 넓

혁감에 따라, 그 상황은 점점 더 '주관화'될 것
이다. 그러면 당초 강점이었던 것이 위험스런 단
점으로 바뀐다. 주관화가 되면 환경으로부터의
분리가 일어난다. 말하자면 이해가 우세해져 지
식에 의한 균형이 더 이상 가능하지 않게 될 때,
어느 쪽도 바라지 않지만 불가피하게 어떤 사회
적 한계가 생기게 되는 것이다.

　이해가 깊어질수록, 그 이해는 지식으로부터
더욱 멀어지게 된다. 그러다 이상적인 이해의 상
태에 도달하면, 각 당사자는 종국적으로 별 생각
없이 상대방의 경험을 받아들일 것이다. 사회적
책임을 결여하고 또 최대한의 주관성을 가진 채
무비판적인 수동성의 상태에 놓이는 것이다. 어
떠한 경우든 이 정도까지의 이해는 불가능하다.
왜냐하면 그렇게 되려면 서로 다른 두 개인이 사
실상 동일하게 되어야 하기 때문이다. 조만간 두
개인 중 어느 한쪽이 상대방의 개성에 동화하기
위해서는 자신의 개성을 어쩔 수 없이 희생시켜

야 한다고 느끼게 되어 있다. 그러면 그 관계는 삐걱거리게 마련이다. 이런 불가피한 결과가 그 이해를 깨뜨린다. 그 이유는 이해란 것이 두 당사자의 개성을 온전히 지키는 것을 전제로 하고 있기 때문이다. 그렇기 때문에 이해와 지식 사이에 균형이 지켜지는 선까지만 이해를 끌어올리는 것이 바람직하다. 어떠한 대가를 치르더라도 이해를 추구하겠다는 자세는 양쪽 당사자 모두에게 해롭다.

　복잡하고 개인적인 상황을 이해해야 할 때마다, 이런 문제가 생긴다. 바로 이 지식과 이해를 제시하는 것이 심리학의 특별한 임무이다. 그것은 또한 영혼의 치유에 열중하는 고해신부의 임무이기도 하다. 고해신부의 직책이 불가피하게 그로 하여금 결정적인 순간에 종파적인 편견의 잣대를 들이대도록 강요하지 않는다면 말이다. 그 결과 한 개인이 개인 그 자체로 존재할 권리가 집단적인 편견에 의해 제약을 받고 종종 가장 민감한 영역에서 축소된다. 이런 현상이 일어나지 않는 유일한 경우는 예수 그리스도의 모범적인 삶과 같은 종교적 상징이 개인에 의해 바르게 이해되고 적절히 느껴질 때뿐이다. 오늘날의 현실이 이와 얼마나 동떨어져 있는지에 대한 판단은 다른 사람들에게 넘기고자 한다.

여하튼, 의사는 분파적인 제한이 거의 또는 아무런 의미를 지니지 못하는 환자들을 치료해야 한다. 그렇기 때문에 그의 직업이 그로 하여금 선입견을 가능한 한 적게 갖도록 만든다. 마찬가지로 의사는 형이상학적인, 말하자면 증명할 수 없는 확신과 주장을 존중하는 한편으로 그 확신이나 주장에 보편적 유효성을 부여하지 않도록 조심해야 한다. 이런 주의가 요구되는 이유는 개인의 특성들이 외부의 자의적인 간섭에 의해 뒤틀리는 일이 일어나서는 안 되기 때문이다. 의사는 개인의 개별적 특성을 환경의 영향에, 그 사람 본인의 내면적 발달에, 그리고 더욱 넓은

의미에서 온갖 인생사로 점철된 그의 운명에 맡
겨야 한다.

많은 사람들은 이처럼 신중한 주의가 지나치
게 과장되었다고 생각할 것이다. 그러나 두 개인
사이에 논리적 토론이 전개되는 과정에 서로가
영향을 미치게 된다는 사실에 비춰보면, 이 과정
이 아주 빈틈없이 전개된다 할지라도 책임감 있
는 의사라면 그 환자가 이미 굴복한 집단적 요소
에 불필요하게 새로운 것을 더 더하지 않을 것
이다. 게다가 그런 의사는 환자에게 아무리 값진
교훈을 제시한다 하더라도 그것이 오히려 환자
로 하여금 적대감을 노골적으로 표현하게 만들
거나 은밀히 저항하도록 만들어 치료를 위험하
게 할 수 있다는 점을 잘 알고 있다.

오늘날엔 개인의 정신적 상태가 광고와 선전
과 다른 선의의 충고나 암시에 의해 지나치게 위
협을 받고 있다. 그런 까닭에 환자가 그 의사와
의 만남을 통해서 "해야만 한다"거나 "하는 수

밖에 없다"는 식의 불쾌한 말이 되풀이되지 않
는 인간관계를 평생 처음 경험할 수도 있다. 외
부의 공격과 그 공격이 개인의 정신에 미치는 영
향에 맞서면서, 그 의사는 스스로 상담자의 역할
을 맡아야 한다고 생각한다. 이렇듯 개인의 내면
과 외부에 명백한 보호장치가 존재한다는 점을
감안한다면, 외부의 공격으로 인해 무질서한 본
능이 풀려나면서 폭발할 것이라는 두려움은 지
나치게 과장되었을 가능성이 있다. 무엇보다도,
대부분의 사람들에게는 도덕성은 말할 것도 없
고 품위도 있고 마지막으로 형법을 생각하는 소
심함도 있다.

이 두려움은 개인의 의식 안에서 개성이 처
음 일어나도록 만드는 데 필요한 엄청난 노력에
비하면 아무것도 아니다. 더구나 개인이 개성을
발휘하기까지 필요한 노력에 비하면 이 두려움
은 더더욱 하찮은 것이다. 그리고 이런 개인적인
충동이 지나치게 성급하게 툭툭 튀어 나올 때,

의사는 그것이 환자의 근시안적인 견해와 무례와 냉소주의와 결합하지 않도록 막아줘야 한다.

두 개인 사이에 논리적인 논의가 전개되다 보면, 이런 개인적 충동을 평가해야 할 때가 올 것이다. 그때가 되면 환자는 관습을 그대로 답습하지 않고 자신의 통찰과 결정을 근거로 행동할 수 있을 만큼 판단력에 확신을 가져야 할 것이다. 비록 그가 어쩌다 집단의 의견에 동의하는 경우가 있다 할지라도 말이다. 만일 그가 확고히 독립하지 못한다면, 소위 말하는 객관적인 가치들도 그에게 아무런 이로움을 주지 못한다. 그럴 경우 그 가치들이 그 사람의 성격을 대체하는 역할만을 맡으면서 그의 개성을 억누를 것이기 때문이다.

당연히 사회는 터무니없는 주관주의에 맞서 스스로를 지킬 권리를 갖는다. 그러나 사회 자체가 개성을 잃어버린 개인들로 이뤄져 있는 한, 그 사회는 결국엔 무례한 개인주의자들에 의해

좌지우지된다. 사회가 제멋대로 집단과 조직으로 서로 결합하도록 내버려둔다고 가정하자. 그러면 사회가 한 사람의 독재자에게 아주 쉽게 굴복하도록 만드는 것이 바로 이런 결합과 그에 따른 개인적 개성의 종식이란 사실이 확인될 것이다.

불행히도 0이 백만 개 모인다 해도 1이 되지 못한다. 종국적으로 모든 것은 개인의 자질에 달려 있다. 그러나 우리 시대의 극히 근시안적인 관습은 무엇이든 큰 숫자와 집단적인 조직으로만 생각하게 만든다. 규범을 잘 따르는 군중이 단 한 사람의 광인의 손아귀에 휘둘리며 어떤 짓을 할 수 있는지를 지금까지 인류 역사를 통해서 필요 이상으로 많이 보아왔으면서도 말이다. 정말 불행하게도 이 깨달음은 많은 사람들에게까지 전파되지는 않는 것 같다. 이 점에서 보면 우리 인간이 맹목적이라는 사실은 매우 위험하다. 사람들은 기꺼이 조직화를 계속하고 대중행동의 힘을 지속적으로 믿는다. 아주 막강한 조직도 지도자들의 극단적인 무례와 천박한 슬로건에 의해서만 유지될 수 있다는 사실에 대해서는 조금도 알지 못한 가운데 말이다.

정말 신기하게도, 교회들도 역시 귀신의 왕 바알세불(영어로는 Beelzebub으로 쓴다. '파리의 왕'이라는 뜻이며, 블레셋의 에그론이라는 도시에서 숭배되었던 파리 신으로 신약성경에서는 귀신의 왕으로 불린다/옮긴이)의 힘을 빌려 악마를 내쫓기 위해 대중행동을 이용하길 원한다. 개인의 영혼을 구원하고 돌보는 곳인 바로 그 교회에서 말이다. 교회들은 또한 군중심리학의 기본적인 원칙에 대해 들은 바가 전혀 없는 것처럼 보인다. 개인은 집단 안에서 도덕적으로나 영적으로 열등해진다는 것은 군중심리학의 기본이 아닌가. 군중심리학의 기본을 잘 모르는 까닭에, 교회들은 개인이 정신적 재생을 성취하도록 돕는 진짜 임무에 그다지 열성을 보이지 않는다. 불행히도, 만일 개인이 정신적으로 진정한 쇄신을 이루지 못한다면 사회도 또한 정신적 쇄신을 이룰 수 없다. 왜냐하면 사회란 것은 구원을 필요로 하는 개인들의 총합이기 때문이다. 그러므로 교회들이, 분명히 현실 속에서 하고 있는 바와 같이, 개인을 사회적 조직 안으로 엮어 넣음으로써 책임감을 모르는 하나의 부품으로 전락시키려고 노력할 때, 나는 구원을 하나의 착각이라고 볼 수밖에 없다. 개인을 무신경하고 무심한 대중으로부터 끌어내어 그 사람에게 그 사람 자신이 하나의 중요한 요소라는 점을 각인시키고, 또 그렇게 함으로써 세상의 구원은 개인의 영혼의 구원에 달려 있다는 점을 깨닫도록 하는 것이 본연의 임무인데도 교회들은 오히려 그 반대의 모습을 보이고 있다.

대규모 집회들이 개인 앞에서 사상을 과시하면서 군중 암시의 힘을 빌려 개인에게 그 사상을 각인시키려 하는 것이 사실이다. 그런데 이때 달갑지 않은 결과가 나타난다. 그 흥분이 식으면, 대중인간은 즉시 더욱 더 뻔하고 더욱 더 요란한 다른 슬로건에 넘어가게 되는 것이다. 이런 치명적인 영향력을 차단시켜주는 효과적인 방패가 될 수 있는 것이 바로 개인과 신 사이의 개인적 관계이다. 예수 그리스도가 군중 회합에서 제자들을 자신에게로 부른 적이 있었는가? 베드로라는 이름의 '반석'(盤石)마저 동요하는 조짐을 보일 때, 5,000명에게 음식을 먹인 일이 나중에 예수 그리스도에게 "십자가에 못 박아라!"라는 외침이 쏟아질 때 다른 사람들과 함께 그렇게 외치지 않은 추종자들을 만들어 냈는가? 그리고 예수 그리스도와 바울이라면 자신의 내면적인 경험을 믿으면서 대중의 의견을 무시하고 각자의 길을 걸은 사람들의 원형이 아닌가?

이런 논쟁은 우리로 하여금 오늘날 교회가 직면하고 있는 상황을 직시하게 만든다. 교회가 대중 암시의 도움을 받아서 개인들을 신자 공동체로 결합시킴으로써 형태가 없는 대중에게 형

태를 부여하고 그런 조직들을 하나로 뭉치려고
노력할 때, 교회는 어떤 위대한 '사회적' 봉사를
수행하고 있을 뿐만 아니라 개인에게 의미 있는
삶이라는 은혜를 베풀고 있다. 하지만 이런 것들
은 대체로 어떤 경향을 더욱 강화하는 은혜이지
그 경향을 변화시키는 은혜는 아니지 않는가.

불행히도 경험을 통해 알 수 있듯이, 영혼은
아무리 많은 공동체를 갖고 있더라도 변하지 않
은 채 남는다. 영혼이 스스로 노력과 고통을 통
해서만 얻을 수 있는 것을 환경이 선물로 줄 수
는 없다. 반대로, 호의적인 환경은 단지 모든 것
이 외부에서 비롯된다고 생각하는 위험한 성향
을 더욱 강화시킬 뿐이다. 심지어 외적인 현실이
제시하지 못하는 변화, 즉 영혼의 변화까지도,
말하자면 오늘날의 대중현상과 미래에 나타날
인구증가라는 보다 큰 문제의 측면에서 보면 훨
씬 더 긴급한 영혼의 변화까지도 외부에 기대하
게 될 것이다.

지금은 우리가 대중 조직 안에서 한 덩어리로 묶고자 하는 것이 과연 무엇이며, 개별적인 인간 존재 즉 통계적인 인간이 아닌 진짜 인간 존재의 본질을 이루고 있는 것은 과연 무엇인지를 우리 자신에게 물어야 할 때이다. 이는 자기 육성(自己育成)의 새로운 과정을 통하지 않고는 거의 불가능한 일이다.

누구나 쉽게 예상할 수 있듯이, 모든 대중운동은 큰 숫자를 내세우며 사람들을 쉽게 조종한다. 사람들은 대체로 이런 식으로 생각한다. 다수가 모인 곳에는 안전이 있다. 다수가 믿는 것은 당연히 진실임에 틀림없다. 많은 사람이 원하는 것은 분명 추구할 가치가 있고 또 필요하며, 그렇기 때문에 선한 것임에 틀림없다. 다수의 외침에는 개인의 소망성취를 강제로 빼앗을 권력이 들어 있다. 그러나 그 모든 것들 중에서 가장 달콤한 것은 어린 시절의 왕국으로, 부모의 보살핌이 있는 낙원으로, 태평하고 책임감이 필요 없는 세계로 아무런 고통 없이 부드럽게 돌아가는 것이다. 모든 사고와 보살핌은 위에서 행해진다. 모든 질문에는 반드시 대답이 있다. 필요한 것이 있으면 즉각 조달된다.

대중인간의 유치한 꿈이 너무나 비현실적이기 때문에 그 사람은 그 낙원의 비용을 누가 대는지에 대해 물어볼 생각조차 하지 않는다. 회계의 균형을 맞추는 책임은 보다 높은 정치적 또는 사회적 권위자에게 있다. 이 권위자는 그런 임무를 환영한다. 왜냐하면 그로 인해 권력이 더욱 커지기 때문이다. 권위자가 권력을 더 많이 가질수록, 개인은 더욱 나약하고 속수무책인 존재가 된다.

이런 유형의 사회적 조건이 광범위하게 무르익은 곳마다, 전제정치의 길이 활짝 열리고 개인의 자유가 정신적 · 육체적 노예로 바뀐다. 모든 전제정치는 비도덕적이고 무자비하다. 그렇기 때문에 전제정치는 통치 방법의 선택에 있어서 개인을 고려하는 제도보다 훨씬 더 큰 자유를 누린다. 개인을 고려하는 제도라 하더라도 만약에 조직화된 국가와 충돌을 빚게 된다면, 그 제도는 자체의 도덕성이 오히려 불리하다는 사실을 깨달을 것이고 그렇게 되면 상대방과 똑같은 방법을 동원하지 않을 수 없다고 느낄 것이다. 이런 식으로 불가피하게 악이 퍼지게 된다.

직접적인 전염을 피한다 하더라도 악의 전파는 불가피하다. 서유럽 곳곳에서 보듯이, 다수와 통계적 가치들에 결정적 중요성이 부여되는 곳에선 그 전염의 위험이 더욱 커진다. 질식시킬 듯한 대중의 힘이 매일 신문을 통해 이런저런 형태로 우리의 눈앞에 펼쳐지고 있으며, 개인의 무가치가 개인의 내면 안에 너무나 깊이 스며든 탓에 사람들은 너나없이 자신의 목소리를 전하려는 희망을 완전히 잃어버렸다. 자유와 평등, 박애라는 옛날의 이상들은 개인에게 아무런 도움을 주지 못한다. 그 이유는 개인이 대중의 대변인, 즉 개인의 특성을 죽이는 권력자에게만 호소할 수 있기 때문이다.

조직화된 대중에 저항하는 것은 개성이 대중 만큼이나 잘 조직된 사람에 의해서만 가능하다. 오늘날의 사람들에겐 이 주장이 거의 터무니없는 말로 들릴 것임에 틀림없다고 나는 생각한다. 도움이 될 만한 중세의 관점, 즉 사람은 커다란 우주를 작게 축소한 하나의 소우주라는 관점은 오래 전에 사람들로부터 멀어졌다. 세상을 두루 포용하고 개선할 정신이란 것이 존재한다는 바로 그 생각이 그 사람을 더 훌륭하게 가르칠 수 있는데도 말이다. 하나의 정신적 존재로서 개인에겐 대우주의 이미지가 각인되어 있을 뿐만 아니라, 개인 스스로도 그 이미지를 점점 더 크게 창조해나가기도 한다. 개인은 한편으론 숙고하는 의식을 통해 그리고 또 다른 한편으론 유전적으로 내려오는 본능의 원형적 본질 덕분에 자신의 내면에 우주적인 요소를 간직하고 있다. 이 본능이 개인을 환경에 속박시킨다.

그러나 개인의 본능들은 그를 대우주와 결합시킬 뿐만 아니라 어떤 의미에서 보면 그를 대우주로부터 떼어놓기도 한다. 왜냐하면 그의 욕망이 그를 다른 방향으로 잡아끌기 때문이다. 이런 식으로 개인은 자기 자신과 끊임없이 갈등을 빚고 있다. 그가 자신의 삶에 어떤 분산되지 않은 목표를 제시하는 데 성공하는 경우는 극히 드물다. 분산되지 않은 목표를 추구하려면 대체로 그 사람은 자신의 본성의 다른 측면들을 억누르는 대가를 치러야 한다. 그런 상황에 처하면 사람은 자신에게 질문을 던져야 한다. 이런 일방성이 과연 강요할 만한 가치가 있는 것인가, 하고 말이다. 인간 정신의 자연적 상태가 정신의 구성요소들이 동시에 서로 밀치고 또 그 요소들의 움직임이 서로 모순을 보이는, 말하자면 어느 정도 분열된 상태라는 점을 고려한다면, 그런 물음이 불가피하다. 불교에서는 이를 '만물에 대한 집착'

이라고 부른다. 그러한 조건은 질서와 통합을 소리쳐 요구한다.

모두가 서로에게 좌절하게 되어 있는 군중의 혼란스런 행동이 어떤 독재자의 의지에 의해 일정한 방향으로 밀어붙여지는 것과 똑같이, 분열된 상태의 개인도 방향과 질서를 잡아줄 어떤 원칙을 필요로 한다. '자아의식'(칼 융은 의식은 언제나 자아의식이라고 했다. 나 자신을 의식하기 위해선 나 자신과 타인들 사이에 구분이 이뤄져야 한다는 뜻이다/옮긴이)이 이 역할을 맡기를 원하지만 그런 의도를 방해하는 막강한 무의식적 요소들을 간과하고 있다. 만일 통합의 목표를 달성하길 원한다면, 우선 자아의식은 무의식적 요소들의 본질부터 알아야 한다. 또 자아의식은 그것들을 경험해야 한다. 그렇지 않을 경우 자아의식은 그 무의식적 요소들을 표현하고 통합을 끌어낼 수 있는 신비적인 상징을 갖고 있어야만 한다. 현대인의 내면에서 표현될 길을 찾고 있는 것들을 두루

뚜렷하게 나타낼 어떤 종교적 상징이 이 일을 해
낼 수 있을 것이다. 하지만 기독교 상징에 대한
우리의 인식은 이날까지 그런 일을 하지 못했다.
그와 반대로, 세계를 둘로 나누는 선(線)은 정확
히 기독교를 믿는 백인들의 영역을 가로지르고
있다. 그리고 우리 기독교인들의 인생관은 공산
주의 같은 케케묵은 사회질서의 재발을 막는 데
무력하다는 것이 입증되었다.

그렇다고 기독교가 끝났다는 뜻은 아니다.
정반대로, 현재의 세계적 상황에서 시대에 뒤처
진 것은 기독교가 아니라 기독교에 대한 우리의
인식과 해석이라고 나는 확신한다. 기독교의 상
징은 더욱 발전할 씨앗을 품고 있는 하나의 생
물이다. 그것은 계속 발전할 수 있다. 우리가 다
시 묵상을 하기로 결정할 것인지의 여부는 순전
히 우리에게, 더 구체적으로 말하면 기독교의 전
제에 달려 있다. 이는 개인에 대하여, 그리고 '자
기'의 소우주에 대하여 지금까지 우리가 보여 왔

던 것과는 매우 다른 태도를 요구한다. 인간에게 어떤 접근법이 열려 있는지, 인간이 어떤 내면 적 경험을 할 수 있는지, 그리고 종교적 신화의 밑바닥에 어떤 정신적 사실들이 잠재해 있는지 를 아무도 모르는 이유도 바로 그 때문이다. 그 위로 암흑이 넓게 퍼져 있기 때문에 어느 누구 도 자신이 왜 관심을 가져야 하는지 아니면 자신 이 어떤 목적에 이바지할 수 있는지에 대해 알지 못하고 있다. 이 문제 앞에 우리는 속수무책으로 서 있다.

이는 놀라운 일이 아니다. 그 이유는 사실상 모든 으뜸패들이 우리의 적들의 수중에 들어 가 있기 때문이다. 그들은 대규모 군대와 그 군대의 압도적인 파워에 기댈 수 있다. 정치와 과학과 기술도 그들의 편에 서 있다. 과학의 인상적인 주장들은 지금까지 인간 정신이 성취한 지적 확 실성을 최고의 수준으로 보여주고 있다. 과거 시 대의 퇴보와 암흑과 미신에 관하여 백배나 더 계몽된 오늘날의 사람들에게는 적어도 그렇게 보인다. 그들의 선생들이 똑같은 표준으로는 결코 잴 수 없는 것들을 엉터리로 서로 비교함으로써 심각할 정도로 길을 잃고 말았다는 생각 따위는 그들의 머리에 절대로 떠오르지 않는다. 그 사람들의 질문을 받는 지적 엘리트들 사이에 오늘날의 과학이 불가능한 것으로 여기는 것들은 다른 시대에도 마찬가지로 불가능했다는 데 의견의 일치가 거의 이뤄지고 있기 때문에 그런 현상이 더욱 더 강하다.

무엇보다도, 사람들에게 우주적 관점을 가질 기회를 줄 수 있는 신앙의 사실들이 똑같은 맥락에서 과학의 사실들로 취급당하고 있다. 그런 까닭에 사람들이 개인의 영혼의 치유를 맡는다는 교회와 그 대변자들에게 질문을 던지면, 종교적 믿음을 갖기 위해선 먼저 세속적인 어떤 신념의 구성원이 되는 것이 의례적으로 필요하다는 대답이 돌아온다. 또 개인들에게 의문스럽게 들렸던 신앙의 사실들이 구체적인 역사적 사건이며, 어떤 의식적인 행위들이 기적의 효과를 낳았고, 예수 그리스도가 대신 받은 고통이 개인들을 죄와 죄의 결과, 즉 영원한 파멸로부터 구해주었다는 식의 대답도 나온다. 만일 개인이 제한적인 수단을 가진 가운데 이런 것들에 대해 곰곰 생각하기 시작한다면, 그 사람은 자신이 그런 것들을 전혀 이해하지 못하기 때문에 자신에겐 두 가지 가능성밖에 없다고, 즉 맹목적으로 믿든가 아니면 그런 말들을 이해하지 못하겠다며 부정하는 방법밖에 없다고 고백해야 할 것이다.

오늘날의 개인은 국가가 제시하는 모든 "진실들"에 대해 쉽게 생각하고 이해할 수 있다. 그런 반면 종교에 대한 이해는 설명이 부족한 관계로 상당히 더 힘들다. ("지금 읽으시는 것을 아시겠습니까?" 이 물음에 그는 "누가 나에게 설명해 주어야 알지 어떻게 알겠습니까?" 하고 대답했다.('사도행전' 8장 30절)) 만일 이런 현실에도 불구하고 개인이 자신의 모든 종교적 확신을 버리지 않았다면, 그것은 종교적 충동이 본능적인 바탕에 근거하고 있는 까닭에 특별히 인간적인 것이기 때문이다.

당신은 어떤 사람의 신을 빼앗을 수는 있지만 결국엔 그에게 그 대신에 다른 신을 내놓아야 한다. 대중국가의 지도자들은 자신이 신격화되는 것을 피할 수 없다. 이런 종류의 조잡한 조치가 아직 강제로 취해지지 않은 곳마다, 거기엔 그것 대신에 악마적 힘이 실린 강박적인 요소들이 일어난다. 예를 들면 돈이나 일, 정치적 영향이 그런 것들이다.

어떠한 것이 되었든 자연적인 인간적 기능이 제 길을 잃게 되면, 다시 말해 의식적으로 표현되는 것을 거부당하게 되면, 그 결과로 전반적인 소요가 일어나게 된다. 그렇기 때문에 '이성의 여신'의 승리로 인해 현대인들 사이에 신경증 증세가 전반적으로 퍼지게 된 것은, 다시 말해 오늘날 철의 장막에 의해 세계가 찢어진 것과 비슷한 성격분열이 일어나게 된 것은 지극히 자연스럽다. 가시철조망을 두른 이 경계선은 어느 쪽에 살든 현대인의 정신을 관통하고 있다. 그리고 전형적인 신경증 환자가 자신의 그림자(칼 융은 모든 사람의 내면에 그림자 같은 이중 인격이 있다고 주장한다. 그 그림자는 대체로 폭력적이다. 그런데도 대부분의 사람들은 그 그림자를 모르거나 억누르며 살아간다고 융은 강조한다/옮긴이)를 알지 못하듯이, 정상적인 개인도 신경증 환자처럼 자신이 아닌 이웃이나 경계선 너머의 사람에게서 자신의 그림자를 본다. 심지어 이쪽에선 저쪽의 공산주의를, 저쪽에선 이쪽의 자본주의를 무시무시한 악마로 부르는 것이 정치적·사회적 의무가 되었다. 이는 외부로 향하는 눈을 현혹시켜 그 눈이 안으로 개인적인 삶을 보지 못하도록 막기 위해서이다. 그러나 신경증 환자가 자신의 다른 반쪽을 모름에도 불구하고 모든 것이 자신의 정신과 그다지 조화를 이루지 못한다는 사실을 어렴풋이 예감하는 것과 똑같이, 서유럽의 사람도 자신의 정신과 "심리"에 본능적인 관심을 갖게 되었다.

이리하여 심리학자가 좋든 싫든 무대에 등장하라는 요구를 받기에 이르고, 그에게 가장 내밀하고 가장 깊이 숨겨진 개인의 삶과 관련 있는 질문들이 주로 던져진다. 그런데 그 질문들을 분석해 보면 종국적으로 시대정신의 직접적인 결과인 것으로 드러난다. 숨겨진 삶에 관한 것은 흔히 그 개인적인 징후 때문에 신경증으로 여겨진다. 그도 그럴 것이 그것이 유치한 공상들로 이뤄져 있기 때문이다. 그런데 이 공상들은 성인(成人)의 정신의 내용물과 조화를 이루지 못하고 또 그런 까닭에 그것이 의식에 닿기라도 하면 우리의 도덕적 판단에 의해 억눌러진다.

당연히 이런 종류의 공상들 대부분은 유치한 형태로 의식에 닿지 않는다. 그리고 얼핏 보아도 그 공상들이 의식적이었던 적이 있거나 의식적으로 억눌러지는 것 같지도 않다. 그보다 그 공상들은 언제나 거기에 존재하거나 아니면 어쨌든 무의식적으로 일어나서, 심리학자가 간섭하여 의식의 문턱을 넘어설 수 있게 될 때까지 무의식의 영역에 남아 있는 것 같다. 무의식적인 공상들의 활성화는 의식이 스스로 위험한 상황에 처했다는 사실을 깨달을 때 일어난다. 그런 식으로 일어나지 않는다면, 그 공상들은 수시로 나타날 것이며 이어 평소에 볼 수 있는 신경증적 장애가 따를 것이다.

실은 이런 종류의 공상들은 어린 시절의 세계에 속하는 것이며, 의식적인 삶의 비정상적인 조건에 의해서 터무니없이 강화될 때에만 정신적 장애를 낳는다. 부모들이 바람직하지 않은 영향력을 행사하면서 주변 환경을 불안하게 만들고 아이의 정신적 균형을 깨뜨릴 갈등을 일으킬 때, 이런 현상이 특별히 더 자주 나타나는 것 같다.

성인에게 신경증 증세가 나타날 때, 어린 시절의 공상의 세계가 다시 나타난다. 그러면 그 성인은 자신의 신경증을 유치한 공상들이 나타난 탓으로 돌리고 싶은 유혹을 받게 된다. 그러나 이는 그 공상들이 그 전에는 어떠한 심리적 영향도 끼치지 않은 이유를 설명하지 못한다. 이런 심리적 영향은 오직 그 개인이 자신의 의식적인 수단으로는 도저히 극복하지 못할 상황에 직면할 때 나타난다. 그런 상황의 결과로 성격의 발달이 정지하게 되면 유아 시절의 공상들이 들어올 문이 활짝 열리는 셈이 된다.

물론 이 공상들은 누구에게나 잠재해 있다. 그러나 의식적인 성격이 별다른 방해를 받지 않고 제 길을 계속 걸을 수 있을 때엔 이 공상들은 어떠한 활동도 보이지 않는다. 이 공상들은 어느 수준의 강도를 얻게 되면 의식을 뚫고 들어와 갈등의 상황을 만들기 시작하며 따라서 환자 본인에게도 지각되기에 이른다. 그러면 환자는 각

각 다른 특징을 지닌 두 개의 성격으로 분열된
다. 그러나 그 분열은 사용되지 않아서 의식에서
흘러넘친 에너지가 무의식적인 성격의 부정적인
특징들을, 특히 유아적인 특징들을 강화하기 오
래 전부터 이미 무의식 속에서 준비되고 있었다.

   어린이의 정상적인 공상들은 기본적으로 본
능적인 충동에서 나온 상상에 지나지 않으며 따
라서 미래의 의식의 활동을 사전에 연습하는 것
으로 여겨질 수도 있다. 그렇기 때문에 신경증
환자의 공상들은 비록 본능적 에너지의 역행 때
문에 병적으로 뒤틀려 있고 곡해되어 있을지라
도 정상적인 본능의 어떤 골자를 담고 있는데,
그에 대한 증거는 그 공상의 적절성에 있다.

   신경증은 언제나 정상적인 본능적 에너지
와 그에 고유한 "상상"이 부적절하게 왜곡되고
곡해되고 있다는 것을 암시한다. 그러나 본능
은 그 에너지와 형태에 있어서 매우 보수적이
고 극도로 케케묵었다. 본능이 마음에 모습을

드러낼 때는 하나의 이미지로 나타나는데 이
이미지는 그 본능적인 충동의 성격을 그림처럼
시각적으로, 또 구체적으로 표현한다. 예를 들
어 유카나방의 정신을 들여다볼 수 있다면, 우
리는 그 안에서 어떤 생각의 패턴을, 신비하고
매력적인 어떤 패턴을 발견할 것이다. 이 생각
의 패턴이 그 나방으로 하여금 유카라는 식물
에 붙어서 그 식물이 수분 행위를 수행하도록
할 뿐만 아니라 전체적 상황을 "인식하도록"
돕는다. 본능이라고 해서 맹목적이고 불명확한
충동은 절대로 아니다. 왜냐하면 그것이 구체
적인 외적 상황과 조화를 이루고 적절한 것으
로 입증되기 때문이다. 이 구체적인 외적 상황
이 본능으로 하여금 독특하고 더 이상 바꿀 수
없는 어떤 형태를 띠도록 한다. 본능이 독창적
이고 유전적인 것과 똑같이, 그 본능의 형태 또
한 오랜 세월을 거친, 말하자면 원형적인 것이
다. 본능은 심지어 육체의 형태보다도 역사가

더 깊고 더 보수적이다.

　이러한 생물학적 이해는 당연히 의식과 의지와 이성을 소유하고 있음에도 불구하고 여전히 일반생물학의 틀 안에 남아 있는 인간에게도 그대로 적용된다. 우리의 의식의 활동이 본능에 뿌리를 내리고 있고 본능으로부터 그 관념적 형태의 기본적인 특징들뿐만 아니라 그 동력까지 끌어내고 있다는 사실은 동물 왕국의 다른 모든 구성원들뿐만 아니라 인간의 심리에도 똑같은 의미를 지닌다. 인간의 지식은 기본적으로 우리들에게 선험적으로 주어진 생각의 원시적 패턴들을 끊임없이 새롭게 적응시켜 나가는 데 있다. 이 패턴은 변화를 필요로 한다. 그 이유는 그 패턴이 원래의 형태로는 과거의 삶의 유형에는 적절하지만 본질적으로 확 달라진 환경에는 부합하지 않기 때문이다. 만일 우리의 존재에 반드시 필요한 본능적 에너지가 우리의 삶 속으로 계속 흘러들어오게 하려면, 이런 원형적인 형태들을 현재의 도전에 적절한 사상으로 다시 다듬는 작업이 반드시 필요하다.

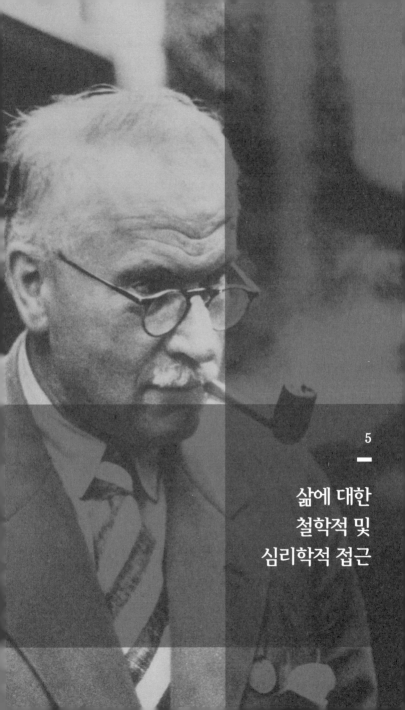

5
—

삶에 대한
철학적 및
심리학적 접근

그러나 우리의 사상은 전체 상황에 나타나는 변화보다 뒤처지는 경향을 보인다. 이는 불행하지만 불가피한 현상이다. 우리의 사상이 뒤처지지 않기는 거의 불가능하다. 왜냐하면 세상에서 아무것도 변하지 않는 한에서만 사상은 어느 정도 적응을 끝내고 만족스런 쪽으로 기능을 할 수 있기 때문이다. 그렇다면 사상이 먼저 변하고 적응할 이유는 하나도 없다.

조건이 극적으로 변하여 우리의 외적 상황과 우리의 사상 사이에 묵인할 수 없는 괴리가 생기고 따라서 우리의 사상이 케케묵은 것이 될 때, 우리의 '세계관', 즉 삶의 철학에 총체적인 문제가 일어난다. 그와 함께, 본능적인 에너지를 계속 분출하고 있는 원초적인 이미지들을 어떻게 다시 적응시킬 것인가 하는 문제도 발생한다.

이 원초적인 이미지들은 새로운 합리적인 형상들로 간단히 대체될 수는 없다. 왜냐하면 이 새로운 형상들의 경우에는 인간의 생물학적 필요보다는 외부 상황에 지나치게 좌우될 것이기 때문이다. 더욱이 이 형상들은 인간의 본래 모습에 닿을 수 있는 다리를 하나도 건설하지 않을 뿐만 아니라 오히려 거기에 접근하는 모든 길을 차단하고 나설 것이다. 이는, 마치 신처럼 인간을 국가의 이미지에 따라 형성하길 원하는 마르크스주의자의 교육 목표와 일치한다.

오늘날엔 우리의 기본적인 확신들이 더욱더 합리적인 쪽으로 바뀌었다. 우리의 철학은 옛날과 달리 더 이상 삶의 방식을 논하지 않는다. 철학은 지적이고 학구적인 문제를 다루는 학문으로 완전히 바뀌었다. 우리의 종파적인 종교들은 케케묵은 의례와 인식을 그대로 유지한 채 중세였다면 큰 문제를 일으키지 않았을 세계관을 표현하고 있다. 그러나 그 종교들은 오늘날의 사람들에게는 이상하고 이해할 수 없는 것이 되어버렸다.

이처럼 현대의 과학적인 견해와 충돌을 빚음에도 불구하고 어떤 깊은 본능이 현대인에게, 엄격히 말하면 지난 500년 동안에 일어난 정신적 발전에 대해 아무런 설명을 내놓지 못하는 사상들에 매달리라고 강요하고 있다. 그 본능이 그렇게 하는 명백한 목표는 현대인이 허무주의적인 절망의 나락으로 떨어지지 않도록 막아주는 것이다. 그러나 합리주의자로서 우리는 동시대의 종교가 지나치게 텍스트에 얽매이고 있으며 편협하고 진부하다고 비판해야 한다고 느낄 때조차도 그 교의들이 어떤 원칙을 선언하고 있다는 사실을 잊어서는 안 된다. 그 원칙의 상징들은 비록 그 해석에 논란이 있음에도 불구하고 그 원형적인 성격 때문에 자체적으로 생명력을 갖고 있다. 따라서 모든 경우에나 다 지적인 이해가 반드시 필요한 것은 아니다. 지적인 이해가 요구되는 때는 감정과 직관을 통한 평가가 충분하지 않을 때뿐이다. 말하자면 지성을 확신의 주요 파워로 여기는 사람들을 다룰 때에만 지적인 이해가 요구된다고 할 수 있다.

이 점에서 보면 신앙과 지식 사이에 가로 놓여 있는 심연보다 더 특징적이고 더 징후적인 것은 없다. 둘 사이의 대비가 너무나 두드러진 탓에 누구나 이 두 개의 카테고리와 그 세계관을 동일한 잣대로 재어서는 안 되는 것이 아닌가 하는 부담을 느낀다. 그럼에도 신앙과 지식은 우리가 살고 있는 똑같은 경험적 세상에 관심을 갖고 있다. 그렇기 때문에 심지어 신학까지도 신앙이 우리의 세계에서 역사적인 것으로 받아들여지는 사실들에 의해 뒷받침을 받고 있다고 말하고 있다. 즉 예수 그리스도가 진짜 인간 존재로 태어나 많은 기적을 행하고 자신의 운명을 힘들게 살다가 빌라도 총독 하에서 죽어서 승천했다는 이야기를 들려주는 것이다.

신학은 초기의 기록에 담긴 내용을 글로 쓰인 신화로 받아들이는 것을, 따라서 그 내용을 상징적으로 이해하려는 경향을 부정한다. 그런데 분명 "지식"에 대한 양보로 나온 움직임일 테지만, 최근에 자신의 신앙의 대상을 "비(非)신화화하려고" 노력한 사람들이 바로 신학자들이었다. 비록 결정적인 문제에 있어서는 상당히 독단적으로 정리하는 모습을 보이긴 했지만 말이다. 그러나 비판적인 지식인이 볼 때 신화가 모든 종교들에 없어서는 안 되는 요소이며, 또 그런 까닭에 신앙에 대한 주장에서 신화를 배제할 경우 반드시 종교가 훼손되게 되어 있다는 사실이 너무나 명백해 보인다.

신앙과 지식 사이의 단절은 우리 시대의 정신적 장애의 두드러진 특징인 '분열된 의식'의 한 징후이다. 그것은 마치 두 명의 서로 다른 사람이 똑같은 것을 놓고 각자의 관점에서 글을 쓰거나, 아니면 한 사람이 두 개의 서로 다른 마음의 틀에서 자신의 경험을 그림으로 그리고 있는 것과 비슷하다. 여기서 "사람"을 "현대사회"로 대체하면, 현대사회가 어떤 정신적 분열을, 말하자면 어떤 신경증적 장애를 앓고 있다는 것이 명백해진다. 이 관점에서 볼 때, 만일 한쪽이 고집스럽게 오른쪽으로 끌어당기고 다른 한쪽이 왼쪽으로 끌어당긴다면, 이는 사태 해결에 도움을 주지 못한다. 신경증을 앓고 있는 모든 정신에 지금 일어나고 있는 것이 바로 그런 것이다. 이런 고통 때문에 환자가 의사를 찾고 있는 것이다.

앞에서 아주 짧게 요약했듯이, 의사는 자기 환자의 성격을 이루고 있는 두 개의 반쪽 모두와 어떤 관계를 확고히 다져야 한다. 그 이유는 의

사가 다른 반쪽을 억압하는 하나의 반쪽을 통해서가 아니라 두 개의 반쪽 모두를 통해서만 한 사람의 온전하고 완전한 하나의 인간을 꿰어 맞출 수 있기 때문이다. 그 환자가 지금까지 해 왔던 것은 하나의 반쪽을 통해서 인간의 모습을 그리는 것이었다. 왜냐하면 현대의 세계관이 그에게 그 외의 다른 안내를 전혀 제시하지 않기 때문이다. 그의 개인적 상황은 집단적 상황과 원칙적으로 똑같다. 그는 하나의 사회적 소우주로서 전체로서의 사회를 매우 작은 규모로 반영하고 있거나, 아니면 반대로 사회적 최소 단위로서 집단 분열에 기여하고 있을 것이다. 그런데 후자일 가능성이 더 크다. 생명을 지니고 있는 유일한 것이 바로 개인적인 개성이기 때문이다. 반면 사회와 국가는 인습적인 개념이며 특정한 수의 개인들로 대표되는 한에서만 그 실체를 주장할 수 있다.

이 사회에 반(反)종교적인 요소들이 많음에

도 불구하고, 우리 시대가 기독교 시대의 어떤 특별한 성취를 대대로 물려받았다는 사실은 터무니없을만큼 관심을 적게 끌고 있다. 그 성취란 바로 기독교 신앙의 핵심적인 특징을 이루는 말, 즉 하느님의 말씀의 권위이다. 하느님의 말씀은 글자 그대로 우리의 신이 되었으며, 심지어 우리가 그냥 풍문으로 들어 기독교에 대해 알게 되었을 때조차도 말씀은 그대로 신이다. "사회"와 "국가" 같은 말은 매우 구체화되었기 때문에 거의 인성(人性)까지 부여받기에 이르렀다. 길을 오가는 보통 사람들의 의견에 비춰보면, 국가는 재화를 역사 속의 그 어떤 왕보다도 더 줄기차게 공급하는 주체이다. 또 국가는 사람들의 호소를 끊임없이 받고 있으며, 또한 책임을 지고, 불평의 대상이 되기도 한다. 사회는 최고의 도덕적 원칙의 반열에까지 올랐다. 정말로, 국가는 창조의 능력까지 부여받고 있다.

　역사 발전의 어느 단계에서 반드시 필요한

말에 대한 숭배가 위험하고 부정적인 측면을 갖고 있다는 사실에는 아무도 관심을 두지 않는 것 같다. 말하자면 수 세기에 걸친 교육의 결과로 말이 보편적 타당성을 얻게 되는 순간, 말에 대한 숭배가 원래 말과 신성한 존재 사이에 형성되었던 그 연결을 끊어버린다. 그렇게 되면 인격화된 교회가 존재하게 되고, 인격화된 국가가 존재하게 된다. 말에 대한 믿음은 맹신이 되고, 말 자체는 어떠한 기만이든 저지를 수 있는 악독한 슬로건이 된다. 맹신과 더불어 정치적 부정과 타협으로 시민들을 속일 선전과 광고가 자연스레 나타나고, 그런 거짓말은 인류의 역사에 유례가 없을 만큼 널리 퍼져나간다.

그리하여 원래 어떤 위대한 '사람'의 형상으로 만들어진 모든 인간들의 통합과 단결을 선언했던 말이 우리 시대에 와서는 모든 사람이 서로 맞서는 의심과 불신의 원천이 되었다. 맹신은 우리의 최악의 적들 중 하나이다. 그러나 그것은 신경증 환자가 자신의 내면에 있는 회의를 누르거나 없애버리기 위해 기대는 임시변통에 지나지 않는다.

사람들은 당신이 어떤 사람에게 그 사람 스스로가 옳은 길로 들어서기 위해 해야 할 것을 말해주기만 하면 된다고 생각한다. 그러나 그 사람이 그것을 할 수 있을 것인지 혹은 할 것인지는 별개의 문제이다. 그래서 심리학자는 말을 하거나, 설득하거나, 훈계하거나, 훌륭한 조언을 제시하는 것으로 성취할 수 있는 것은 아무것도 없다고 생각한다. 심리학자는 자기 환자의 정신 안에 들어 있는 것들의 목록을 세세하고 정확하게 알아야 한다. 그는 고통 받는 환자의 문제를 그 사람의 개성과 관련시켜 설명할 수 있어야 하고 또 환자의 마음을 구석구석 다 더듬을 수 있어야 한다. 선생의 능력, 아니 의식의 감독관의 능력 그 이상으로 환자의 마음을 잘 알아야 한다.

어떠한 것도 배제하지 않는 심리학자의 과학

적 객관성은 그로 하여금 환자를 하나의 인간 존재로만 아니라 동물처럼 자신의 육체에 속박되어 있는 인간 이하의 존재로도 보게 한다. 과학의 발달 덕분에 심리학자의 관심은 이제 의식적인 성격을 벗어나서 성 아우구스티누스의 두 가지 도덕 개념인 정욕과 교만에 해당하는 성적관심과 자기확신의 지배를 받는 무의식적 본능의 세계로까지 나아갈 수 있게 되었다. 이 두 가지 근본적인 본능, 즉 종의 보존과 자기보존의 충돌이 수많은 갈등의 원천이다. 그러므로 본능은 도덕적 판단의 주요한 대상이며, 도덕적 판단의 목적은 가능한 한 본능의 충돌을 막는 것이다.

앞에서 설명한 바와 같이, 본능에는 두 가지 중요한 측면이 있다. 하나는 동력 혹은 동인이고, 다른 하나는 구체적인 의미와 의도이다. 동물들에게 명백하게 드러나듯이, 모든 사람의 정신적 기능은 본능적 바탕을 갖고 있을 가능성이 매우 크다. 동물들을 살펴보면 모든 행동에서 본능이 '영적 지도자'의 역할을 하고 있다는 것이 쉽게 확인된다. 고등 원숭이들과 인간의 경우 학습능력이 개발되기 시작할 때에만 이 관찰이 제대로 통하지 않을 뿐이다. 동물들을 보면 학습능력의 결과 본능이 수많은 변형과 분화를 거치는 것으로 확인된다. 개화된 인간의 경우 본능이 매우 세밀하게 분화되기 때문에 기본적인 본능 중에서 원래의 형태 그대로 남아 있다고 자신 있게 말할 수 있는 것은 극소수에 불과하다.

가장 중요한 것은 두 가지 근본적인 본능과 그 파생 본능들이다. 지금까지 임상심리학의 관심을 독점적으로 받아온 것이 바로 이 본능들이다. 그러나 연구원들은 이 본능들의 가지들을 추적하다 보면 어느 카테고리로도 확실히 분류할 수 없는 것들과 마주치게 된다는 것을 알았다.

한 가지 예만 보도록 하자. 권력본능을 발견한 전문가는 겉보기에 성적 본능의 표현임이 확실한 것이 권력과 관련 있는 본능으로 더 잘 설명되지

않는가 하는 의문을 품었다. 그리고 프로이트 본
인도 가장 중요한 성적 본능 외에 자기보존 본능
의 존재를 인정해야 한다는 것을 느꼈다. 이는 알
프레드 아들러(Alfred Adler(1870-1939):오스트리아
의 심리학자로 개인심리학을 창시했다/옮긴이)의 관점
을 인정하는 것이다. 이런 불확실성에 비춰보면,
대부분의 경우 신경증적인 징후들이 두 전문가 중
어느 한 사람의 이론으로도 아무런 모순 없이 설
명될 수 있다는 것은 그다지 놀라운 일이 아니다.

이런 혼란스런 모습을 보인다고 해서 이 관점
이나 저 관점, 아니면 두 가지 관점 모두가 틀렸다
는 의미는 아니다. 그보다는 그 관점들은 상대적
으로 유효하며, 또 일방적이고 독단적인 이론들
과는 달리, 다른 본능들의 존재와 그 경쟁을 인정
하고 있다. 내가 말한 대로 비록 인간 본능의 문제
가 단순함과는 거리가 한참 멀다 하더라도, 거의
유일하게 인간에게만 있는 한 가지 자질인 학습
능력이 동물들에게서 발견되는 모방본능에 바탕

을 두고 있다고 단정해도 아마 틀리지 않을 것이다. 다른 본능적인 행동을 간섭하여 결국 그 행동을 바꿔놓는 것은 이 학습능력의 본질에 속한다. 예를 들어 새들이 울다가 가락을 바꿀 때, 그 새들의 지저귐에서도 그런 현상이 관찰된다.

인간의 본능 중에서 학습능력만큼 인간을 본래의 모습에서 멀리 벗어나도록 만드는 것은 없다. 이 학습능력이 인간의 행동 양식을 점진적으로 변화시킨 원동력인 것으로 드러난다. 인간이라는 존재의 조건을 크게 바꿔놓은 것도 바로 이 학습능력이다.

학습능력은 또한, 인간이 자신의 본능적 토대에서 점진적으로 멀어짐에 따라, 말하자면 무의식을 희생시키면서 의식에 관심을 집중함으로써 자신에 대한 의식적인 지식과 자기 자신을 동일시함에 따라 생기는 무수한 정신적 장애와 어려움의 원천이기도 하다. 그 결과 현대인은 자신을 아는 범위 안에서만 자기 자신에 대해 알 수 있게 되었다. 자신을 아는 능력은 환경적인 조건과 지식에 대한 욕망에 크게 좌우되며, 그 능력에 대한 통제는 현대인의 본래의 본능적 성향을 변화시키게 되어 있다. 그렇기 때문에 현대인의 의식은 주로 자신을 둘러싼 세상을 관찰하고 조사함으로써 스스로 적응해 나간다. 그러면 현대인은 그 의식의 특성에 맞춰 자신의 정신적 자원과 기술적 자원을 적응시켜야 한다.

이 일이 매우 힘들긴 하지만 그 성취에 따르는 이점이 매우 크기 때문에 현대인은 그 과정에서 자신을 망각해버린다. 자신의 본능적 본성을 제대로 보지 않고, 자신의 진정한 존재 대신에 자기 자신에 대한 개념을 앞세우는 것이다. 이런 식으로 현대인은 자기도 모르는 사이에 슬그머니 개념의 세계로 미끄러져 들어가는데, 개념의 세계에선 그의 의식적인 활동의 산물들이 현실을 점진적으로 대체하게 된다.

본능적인 본질로부터의 분리는 불가피하게

교양 있는 현대인으로 하여금 의식과 무의식, 시
대정신과 천성, 지식과 신앙 간의 충돌을 겪도록
만드는데, 그러다 그의 의식이 본능적인 측면을
더 이상 무시하거나 억누를 수 없는 상황에 이르
는 순간 이 분열이 병적인 모습을 띠게 된다. 이
처럼 위험한 상황에 처한 개인들이 더욱 늘어나
게 되면, 억압 받는 자들을 옹호한다고 주장하
는 어떤 대중운동이 촉발된다. 모든 문제의 원
인을 외부 세계에서 찾으려 드는 의식의 두드러
진 성향에 맞춰, 정치적 · 사회적 변화를 요구하
는 외침이 더욱 커진다. 이때는 정치적 · 사회적
변화만 이루면 정신분열증에 따른 훨씬 더 깊은
문제들이 저절로 해결될 것처럼 생각된다. 그런
데 이 요구가 충족될 때마다, 똑같은 문제가 변
형된 형태로 다시 나타날 정치적 · 사회적 조건
이 조성된다. 이때 일어나는 일은 단순히 정반대
이다. 맨 아래에 있던 것이 맨 위가 되고, 그림자
가 빛의 자리를 차지한다. 맨 아래에 있는 것들

과 그림자는 언제나 무질서하고 난폭하기 때문
에, "해방된" 약자의 자유가 가혹할 정도로 축소
된다. 이 모든 것은 불가피하다. 왜냐하면 악의
뿌리는 건드리지 않고 그대로 놓아둔 채 오직 그
해독제에만 관심을 집중하기 때문이다.

공산주의 혁명은 인간의 품위를 민주주의의
집단심리보다 더 심하게 떨어뜨렸다. 그 이유는
공산주의 혁명이 인간에게서 사회적 의미에서뿐
만 아니라 도덕적·정신적 의미에서까지 자유
를 박탈했기 때문이다. 서유럽은 정치적 곤경 외
에도 중대한 심리적 불편을 겪었다. 나치 독일의
시대에조차도 불쾌한 느낌을 갖게 만들었던 그
런 심리적 불편이었다. 독재자라는 존재가 있었
기에 우리 자신을 탓하지 않고 그 그림자를 탓할
수 있었던 것이다. 독재자는 분명히 정치전선의
반대쪽에 서 있고, 우리는 선(善)한 쪽에 서서
올바른 이상을 품고 있다는 식의 사고였다.

널리 알려진 한 정치인이 최근에 "악은 상상

조차 해보지 않았다"고 고백하지 않았는가? 그때 그는 서유럽의 사람들이 자신의 그림자를 완전히 잃어버리고, 가공의 성격과 자신을 동일시하고, 이 세상을 과학적 합리주의가 그린 추상적인 그림과 동일시하는 위험에 처해 있다는 사실을 다수의 이름으로 표현하고 있었던 셈이다. 그의 정신적 · 도덕적 반대자도 그 사람만큼이나 진정한 존재인데도 그의 가슴 안에는 더 이상 존재하지 않고 지리적 구분선 그 너머에만 존재한다. 그런데 그 구분선은 이제 더 이상 외적인 정치적 장벽을 대표하지 않으며 인간의 내면에 있는 의식적인 인격과 무의식적인 인격을 무섭게 갈라놓고 있다. 사고와 감정이 내적 양극성을 상실하고 있다. 그리고 종교적 지향이 무력해진 곳에선 신(神)조차도 고삐 풀린 심리적 작용들의 영향을 견제하지 못한다.

이성적인 철학은 경멸적인 뜻으로 "그림자"로 묘사되는, 우리 안의 또 다른 인격이 우리의 의식

적인 계획과 의도와 조화를 이루는가 하는 문제로
귀찮아하고 싶어 하지 않는다. 분명히 말하지만,
우리의 철학은 우리의 본능적 본성에 그 존재의 뿌
리를 내리고 있는 진정한 그림자가 우리 각자의 내
면에 하나씩 존재하고 있다는 것을 모르고 있다.
본능의 에너지와 이미지들이 함께 어우러져 작용
하면서 어떤 선입견을 형성하는데, 이를 무시하는
사람은 반드시 큰 위험을 감수하게 된다. 본능을
방해하거나 무시하게 되면 생리적 본성과 심리적
본성에 나쁜 영향이 나타나는데, 그 영향을 제거하
기 위해선 무엇보다 의료적 도움이 요구된다.

  50년 이상 동안 우리는 의식의 균형을 잡아
주는 하나의 평형추로서 무의식이 있다는 것을
알았거나 알았을 수 있다. 임상심리학이 이의 증
명에 필요한 모든 경험적·실험적 증거들을 제
시했다. 의식과 그 내용물에 분명히 영향을 미치
는 어떤 무의식적인 정신적 실체가 있다. 이 모
든 것들은 이미 알려져 있다. 그러나 그것들로부

터 끌어낸 실용적인 결론은 아직 전혀 없다.

우리는 지금도 여전히 옛날처럼 생각하며 행동하고 있다. 마치 우리가 이중적이지 않고 단일한 존재인 것처럼 말이다. 따라서 우리는 스스로를 해롭지 않고, 이성적이고, 인간적인 존재라고 상상한다. 우리는 자신의 동기를 불신하지도 않고 우리가 외부 세계에서 하는 일들에 대해 내면의 영혼이 어떻게 느낄 것인지에 대해서도 스스로에게 물어볼 생각을 하지 않는다. 그러나 실제로 보면 우리가 무의식의 반응과 관점을 무시하는 것은 정신적으로 건강하지 않을 뿐만 아니라 천박하고, 피상적이고, 또 분별없는 짓이기도 하다.

사람은 자신의 위나 심장을 중요하지 않거나 경멸해도 좋은 것으로 여길 수 있다. 그러나 그렇게 생각한다고 해서 과식이나 과로가 그 사람의 몸과 마음에 영향을 미치지 못하도록 막지는 못한다. 그럼에도 우리는 정신적 실수와 그에 따른 영향을 단순한 말로도 제거할 수 있다고 생각

한다. 그렇게 생각하는 이유는 "정신"이란 것이
대부분의 사람들에게 공기보다 덜 중요한 것으
로 여겨지기 때문이다.

그럼에도 정신이 없다면 세상이란 것이 절대
로 존재하지 않을 것이라는 점은 누구도 부정하
지 못한다. 그런데 하물며 정신이 없이 어떻게
인간 세상이 존재하겠는가. 거의 모든 것이 인간
의 영혼과 그 기능에 의존하고 있다. 인간의 정
신은 우리가 쏟을 수 있는 최대한의 관심을 받을
만큼 가치가 있다. 모든 사람들이 미래의 행복과
불행이 야생동물의 공격에 의해서도 아니고 자
연재앙에 의해서도 아니고 세계적 전염병의 위
험에 의해서도 아니고 바로 인간의 내면에서 일
어나는 정신의 변화에 의해서만 결정될 것이라
고 인정하고 있는 오늘날엔 인간의 정신에 관심
을 특히 더 많이 쏟아야 한다.

이 세상을 피와 불과 방사능의 지옥으로 몰
아넣는 데는 우리의 통치자들 몇 명의 머릿속에

서 거의 지각되지 않을 만큼 균형이 살짝 어긋나
는 것만으로도 충분하다. 이에 필요한 기술적 수
단은 이미 양쪽 진영에서 다 갖추고 있다. 그리고
내면의 반대자에 의해 통제되지 않은 가운데 의
식적인 숙고만 할 경우 사람들은 어떤 일에 매우
쉽게 빠져들 수 있다. 어떤 "지도자"의 예를 통해
우리는 이미 그런 현상을 잘 보지 않았는가.

　우리의 세계에서 의식이 황폐해진 이유는 주로
본능의 상실 때문이다. 이런 현상이 일어나는 이유
는 과거의 아득한 세월 동안에 이뤄진 인간 마음의
발달에 있다. 인간이 자연에 대해 파워를 더 많이
행사할수록, 더욱더 많은 인간의 지식과 기술이 인
간의 머리로 옮겨갔으며 동시에 자연적이고 우연
적인 것에 대한 경멸의 정도도 더욱 심해졌다.

　의식이 주관적인 것과는 반대로, 무의식은
객관적이다. 무의식은 주로 상반되는 기분과 공
상, 감정, 충동과 꿈의 형태로 모습을 드러낸다.
이런 것들 중 어느 것도 그 사람 본인이 지어낸

것이 아니며 모두가 그 사람에게 객관적으로 나타난다. 오늘날까지도 여전히 심리학은 가능한 집단적인 기준으로 측정되는 의식적인 내용물을 다루는 과학으로 남아 있다. 그러다 보니 개인의 정신은 단지 하나의 우연에, 하나의 "무작위적인" 현상에 지나지 않게 되었다. 그러는 사이에 "불합리하게 주어진", 진정한 인간 존재 안에 나타나는 무의식은 깡그리 무시되었다. 이는 부주의나 지식의 결여로 인해 생긴 결과가 아니라 자아 외에 두 번째의 정신적 권위가 있을 가능성에 대해 노골적으로 저항한 결과였다. 자아의 입장에서 보면 그 독점적 지배가 의심 받을 수 있다는 것이 커다란 위험처럼 보인다. 그런 한편 신앙심 깊은 사람은 자신의 집에서 자신이 유일한 주인이 아니라는 생각에 익숙하다. 그는 자기 자신이 아니라 신이 최종적으로 결정을 내린다고 믿는다. 그렇지만 우리들 중에서 얼마나 많은 사람들이 신의 의지가 결정을 내리도록 감히 내버려둘 것이며, 또 얼마나 많은 사람들이 그 결정이 신에게서 나왔다고 말해야 하는 상황에 처할 때 당혹감을 느끼지 않을 수 있겠는가?

신앙심 깊은 사람은 스스로 판단할 수 있는 한에선 무의식적인 반응의 영향 아래에서도 똑바로 서 있을 수 있다. 대체로 그 사람은 이것을 양심의 작용이라고 부른다. 그러나 똑같은 정신적 배경이 도덕적이지 않은 반응도 낳기 때문에, 그 신자는 전통적인 도덕적 기준에 의해, 한 예로 집단적 가치에 의해 자신의 양심을 측정하고 있다. 그런 노력에 있어서 그는 교회의 지지를 열렬히 받는다.

개인이 자신의 전통적 믿음을 강력히 지킬 수 있고 또 시대적 환경이 개인의 자율을 더욱 강하게 요구하지 않는 한, 그 사람은 그 상황에 만족할 수 있다. 그러나 외적인 요소들을 지향하다가 종교적 믿음을 잃은 세속적인 마인드의 사람들이 오늘날처럼 무더기로 나타난다면, 상황이 근본적으로 변하게 된다. 그러면 그 신자는 어쩔 수 없이 방어 자세를 취하게 되고 자신의 믿음의 바탕에 대해 회의를 품지 않을 수 없다. 그는 '보편적 동의'라는 엄청난 암시적인 힘의 지지를 더이상 받지 못하며, 교회의 약화와 그 독단적인 가설들의 불확실성을 예리하게 자각하게 된다.

이에 맞서기 위해 교회는 더 독실한 신앙을 권고한다. 마치 은총이라는 선물이 사람의 호의와 즐거움에 좌우되는 것처럼 말이다. 그러나 신앙의 자리는 의식이 아니라 무의식적인 종교적 경험이다. 이 경험이 개인의 신앙을 신과의 즉시적인 관계로 승화시킨다.

여기서 우리는 이런 질문을 던져야 한다. 나는 과연 종교적 경험을 한 적이 있으며 또 신과 직접적인 관계를 맺은 적이 있고, 그리하여 한 사람의 개인으로서 나 자신을 군중 속으로 녹아들지 않도록 지켜줄 확신을 품은 적이 있는가?

6
—

자기지식

앞의 질문에 대한 대답은 개인이 엄격한 자기반성과 자기지식이 요구하는 것을 성실히 수행하겠다는 의지를 가질 때에만 확실히 나올 수 있다. 만일 사람이 자신의 의지를 끝까지 다 실천한다면, 그는 자기 자신에 대한 중요한 진실을 몇 가지 발견하게 될 뿐만 아니라 심리적 이점까지 누리게 될 것이다. 그가 자기 자신에 대해, 주의와 관심을 진지하게 기울일 가치가 충분한 존재라고 생각하게 되는 것이다. 말하자면 그는 자신의 인간적인 존엄을 강조하기 시작할 것이고 아울러 자신의 의식의 토대를 향한, 말하자면 종교적 경험의 원천 중 유일하게 접근 가능한 원천인 무의식을 향한 첫걸음을 내딛게 될 것이다.

분명히 말하지만, 우리가 무의식이라고 부르는 것이 신과 동일하다거나 신의 자리를 대신 차지하고 있다는 말은 절대로 아니다. 우리가 무의식이라고 부르는 것은 종교적 경험이 나오는 것처럼 보이는 매개체이다. 그 경험의 더 깊은 원천이 무엇인가 하는 문제라면, 그에 대한 대답은 인간 지식의 범위 밖에 있다. 신에 대한 지식은 초월적인 문제이다.

우리 시대 위로 하나의 위협처럼 매달려 있는 그 중요한 질문의 답을 찾는 데 있어서는 신앙심 깊은 사람이 엄청난 이점을 누린다. 그런 사람이라면 자신의 주관적인 존재가 "신"과 자신의 관계에 근거를 두고 있는 이유를 분명히 알고 있기 때문이다. 여기서 내가 신이라는 단어를 인용부호 속에 넣은 이유는 우리가 의인화된 어

떤 개념을, 그 동력과 상징이 무의식적인 정신이
라는 매개체를 통해 여과되는 어떤 개념을 다루
고 있다는 뜻을 전하기 위해서다.

신을 믿든 아니면 신을 믿지 않든 관계없이
누구나 원하기만 하면 그런 경험의 원천에 적어
도 가까이 다가갈 수는 있다. 이런 접근이 불가
능하다면, 사도 바울이 다마스쿠스에서 한 경험
과 같은 기적적인 개종을 우리가 목격할 수 있
는 예는 무척 드물 것이다. 종교적 경험이 존재
한다는 것은 더 이상의 증거를 필요로 하지 않는
다. 그러나 형이상학과 신학에서 신과 신들이라
고 부르는 것이 이런 경험의 진정한 바탕인지 여
부는 언제나 의문의 여지를 남긴다. 실제로 보
면 이 물음은 무의미하며 또한 주관적으로 더할
나위 없이 압도적인 그 경험의 신성함으로 해서
제 스스로 대답을 하고 있다. 그런 경험을 한 사
람은 누구나 그 경험에 전율을 느끼게 마련이고,
그런 까닭에 헛된 형이상학적 또는 인식론적인

생각에 함몰되지 않는다. 절대적 확신은 그 자체에 증거를 담고 있으며 인간 세계에서 말하는 증거 같은 것은 전혀 필요로 하지 않는다.

심리학을 무시하는 일반적인 정서와 편향에 비춰 보면, 개인적인 존재를 뒷받침할 바로 그 경험이 모든 사람들의 편견을 간파하는 게 확실한 어떤 매개체에 그 기원을 두고 있는 것처럼 보인다는 점이 불편하게 여겨질 것임에 틀림없다. 다시 한 번 회의의 소리가 들린다. "나자렛에서 무슨 훌륭한 인물이 나올 수 있겠는가?" 비록 무의식이 노골적으로 의식의 아래에 있는 쓰레기통으로 여겨지지는 않는다 할지라도, 그것은 어쨌든 "단순히 동물적인 성격"을 지닌 것으로 비치게 되어 있다.

그러나 실제로도 그렇고 정의상으로도 그렇고, 무의식은 그 범위와 구조가 불확실하다. 그렇기 때문에 무의식에 대한 과대평가나 과소평가 같은 말은 근거가 없는 것이며 단순한 편견으

로 치부해도 좋다. 여하튼 그런 식의 판단이 기
독교인의 입에서 나온다면 매우 기이하게 들린
다. 그들이 모시는 예수 그리스도 본인조차도 밀
짚이 깔린 외양간의 가축들 틈에서 태어나지 않
았는가. 만일 그가 사원에서 태어났더라면, 그런
사실이 다수의 취향에 더 잘 어울렸을 것이다.
이와 똑같이, 세속적인 마인드의 대중인간은 집
단의 회합에서 개인의 영혼과는 비교도 안 될 정
도로 압도적인 배경을 제시할 신비한 경험을 찾
고 있다. 교회의 기독교인들까지도 이런 해로운
망상을 공유하고 있다.

　무의식적 정신작용이 종교적 경험에 중요하
다는 심리학의 주장은 거의 관심을 끌지 못하고
있다. 정치적 좌파뿐만 아니라 정치적 우파도 그
런 주장에 거의 관심을 기울이지 않는다. 정치
적 우파의 입장에서 보면 결정적으로 중요한 요
소는 외부에서 인간 앞에 나타나는 역사적 계시
이다. 좌파에게 있어서 이런 주장은 그저 터무니

없는 헛소리일 뿐이며, 갑작스럽게 매우 격렬한 신앙이 요구될 때 인간에겐 당의 정책에 대한 믿음을 제외하고는 그 어떤 종교적 활동도 있을 수 없다. 게다가 다양한 신념들까지 매우 다양한 것들을 주장하고 있으며, 그 신념들은 저마다 절대적 진리를 내포하고 있다고 주장한다.

그럼에도 오늘날 우리는 통합된 세계에 살고 있다. 이 세계에서는 거리가 시간 단위로 계산되며 더 이상 주나 달로 계산되지 않는다. 색다른 인종도 더 이상 인종박물관에 구경거리로 전시되지 않는다. 그들도 우리의 이웃이 되었으며, 어제 인종학자의 특권이었던 것이 오늘은 정치적, 사회적, 심리학적으로 문제가 되고 있다.

이미 이데올로기의 영역들은 서로 접촉하고 침투하기 시작했다. 이 분야에서 상호 이해의 문제가 심각해질 날도 그리 멀지 않았을 것이다. 상대방의 관점을 충분히 이해하지 않은 가운데 상대방에게 자기 자신을 이해시키는 것은 분명 불가능한 일이다. 자신을 상대방에게 이해시키는 데 필요한 통찰이 양측에 영향을 미치게 될 것이다. 두말할 필요도 없이 역사는 이런 식의 불가피한 전개에 저항하는 것을 사명으로 여기는 사람들을 간과할 것이다. 우리 자신의 전통에 중요하고 선한 것에 집착하는 것이 제아무리 바람직하고 심리적으로 필요할지라도 말이다.

그 많은 차이에도 불구하고, 인류의 통합이 어쩔 수 없이 강조될 것이다. 마르크스주의자는 인류의 통합에 모든 것을 걸고 있다. 그런 반면 서유럽은 기술과 경제적 원조로 그럭저럭 상황을 헤쳐 나갈 수 있기를 희망하고 있다. 공산주의는 이데올로기적인 요소의 엄청난 중요성과 기본적인 원칙들의 보편성을 간과하지 않았다. 심리적 요인을 과소평가했다가는 호되게 당할 가능성이 있다. 그러므로 이 문제에서 우리 자신을 잘 이해해야 할 때가 되었다. 지금으로서는 우리 자신에 대한 이해는 실현 가능성이 낮은 희망사항으로 남아 있다. 왜냐하면 자기지식이 극히 인기가 없을 뿐만 아니라, 터무니없을 정도로 이상적인 목표처럼 보이고 도덕의 냄새를 풍기고 심리적 그림자에 몰두하고 있는 것처럼 보이기 때문이다. 이 중 심리적 그림자는 거론될 때마다 부정당하거나 논의의 대상에조차 오르지 못하고 있다.

우리 시대가 직면하고 있는 과업은 정말 완수가 불가능할 만큼 어려운 것이다. 만일 '지식인의 배반'이라는 죄를 한 번 더 짓기를 원하지 않는다면, 우리는 그 과업의 완수에 책임감을 강하게 느껴야 한다. 우리의 세계가 처한 상황을 이해하는 데 필요한 지성을 갖춘, 지도층의 영향력 있는 인물들이 그 임무를 떠안아야 한다. 사람들은 그런 인물들이 자신의 양심에 비춰 행동하기를 원한다. 그러나 그것이 지적 이해의 문제만 아니라 도덕적 결론의 문제이기 때문에, 불행히도 낙관할 근거가 전혀 없다. 잘 아는 바와 같이, 자연은 혜택을 베푸는 데 그다지 후하지 않다. 그래서 감성이 지성과 함께하지 못하게 되었다. 대체로 보면 이것이 있으면 저것이 없고, 한 가지 능력이 완벽할 정도로 뛰어나면 그것은 대체로 다른 것들의 희생으로 얻어지는 것이다. 지성과 감성의 불일치는 인간 정신의 역사에서 특별히 고통스런 장(章)이다.

우리 시대가 우리들에게 도덕적 요구사항으로 강요하는 과업을 명확히 공식화하는 것은 무분별한 짓이다. 기껏해야 우리는 심리 세계의 상황을 분명하게 밝혀서 근시안적인 사람까지도 보도록 만들고, 말과 사상을 청각 장애인들까지도 들을 수 있도록 할 수 있을 뿐이다. 우리는 이해력 있는 사람들과 선의의 사람들이 나타날 것이라고 기대할 수도 있으며, 그렇기 때문에 필요한 사상과 통찰을 반복하는 일에 결코 싫증을 내서는 안 된다. 결국엔 항간의 거짓말만 아니라 진리도 전파될 수 있을 테니까.

이런 글을 통해 나는 독자 여러분들이 중요한 문제로 관심을 돌리도록 만들고 싶다. 독재국가들이 최근에 인류에게 안겨준 공포는 그리 멀지 않은 과거에 우리 조상들이 저지른 그 모든 포악성의 정점에 지나지 않는다. 유럽 전체 역사를 통해 기독교 국가들이 자행한 야만과 대량살상과는 별도로, 유럽인은 또한 식민지화 과정에 검은 피부의 사람들에게 저지른 모든 범죄에 대해서도 대답해야 한다.

이 점에서 보면 백인들은 정말로 무거운 짐을 지고 있다. 그것은 우리들에게 인간의 공통적인 그림자가 어떤 것인지를 그림처럼 잘 보여주고 있다. 더 이상 검을 수 없는 그림이다. 사람의 내면에 나타나 그 안에 거주하는 악은 무서울 정도로 크다. 그렇기에 교회가 원죄에 대해 이야기하며 그 뿌리를 아담이 이브와 함께 저지른 비교적 사소한 잘못으로까지 거슬러 올라가는 것은 완곡한 표현에 지나지 않는다. 인간의 내면에 있는 악은 그보다 훨씬 더 중대하며, 대단히 과소평가되어 있다.

사람은 대체로 자신의 의식이 자신이 스스로에 대해 알고 있는 그대로라고 믿는다. 그 때문에 사람은 스스로를 무해한 존재라고 여기며 또 그렇게 생각함으로써 죄악에다가 어리석음의 잘못까지 저지르고 있다. 사람은 예전에 가공할 만한 일이 일어났고 또 지금도 여전히 일어나고 있다는 것을 부정하지 않는다. 그러나 그런 가공할 만한 짓을 저지르는 자는 언제나 "타인들"이다. 그리고 그런 행위가 가까운 과거나 먼 과거의 일일 때, 그 행위들은 재빨리 망각의 바다로 흘러들어간다. 그러면 우리가 "정상"이라고 묘사하는 만성적인 정신혼란의 상태가 돌아온다. 그렇게 되면 종국적으로 사라지는 것도 하나도 없고 선해지는 것도 하나도 없다. 가공할 만한 짓이 저질러졌다는 사실에 비춰보면, 이 같은 결과는 충격적이지 않을 수 없다. 우리가 보려고만 들면 악과 죄의식, 양심의 가책, 불확실한 불안은 우리의 눈앞에 거기 그대로 있다.

인간이 이런 짓들을 저질렀다. 나도 한 사람의 인간이다. 인간 본성을 갖고 있는 인간인 것이다. 그러므로 나도 죄의식을 느끼고 있으며, 나의 내면에 그런 짓들을 언제든 다시 저지를 수 있는 능력과 성향이 있다. 법학적으로 말하면, 비록 우리가 범죄의 종범(從犯)은 아니었다 할지라도, 우리는 인간의 본성 때문에 언제나 잠재적 범죄자들이다. 다만 비인간적인 난투에 끌려들어갈 적절한 기회를 갖지 않았을 뿐이다.

우리들 중에서 인간의 시커먼 집단적인 그림자 밖에 있는 사람은 아무도 없다. 그 범죄가 여러 세대 전에 일어났건 아니면 오늘 일어났건, 그것은 언제 어디에나 있는 어떤 성향의 징후로 남아 있다. 사람은 "악에 대한 상상"을 하게 되어 있다. 그 이유는 타고난 본성의 조건을 영원히 무시할 수 있는 존재는 바보뿐이기 때문이다.

사실 이 무시가 사람을 악의 도구로 만드는 가장 확실한 수단이다.

콜레라 환자와 그 환자의 근처에 있는 사람들이 그 질병의 전염성을 모르는 것이 결코 도움이 되지 않는 것과 똑같이, 순진함과 소박함도 도움이 되지 않는다. 오히려 순진함과 소박함은 악의 원인으로 자기 자신을 지목하지 않고 그 악을 "타인"에게 투사(자기 자신의 숨겨진 욕망이나 충동을 다른 사람에게서 찾는 것을 말한다/옮긴이)하도록 만든다. 이는 반대자의 입장을 매우 효과적으로 강화해준다. 왜냐하면 그 투사(投射)가 우리가 자신의 악에 대해 무의식적으로 은밀히 느끼는 두려움을 반대편으로 넘김으로써 반대자의 위협을 크게 키우기 때문이다. 설상가상으로, 우리의 통찰력 결여가 우리로부터 악을 다룰 능력까지 빼앗아 버린다.

물론 여기서 우리는 기독교 전통의 중요한 편견 하나를 마주한다. 악은 나쁜 조짐이고, 금

기시되고, 공포의 대상이기 때문에 악을 삼갈 것이며, 가능하다면 악을 건드리지도 않고 언급하지도 않아야 한다는 가르침의 소리가 들린다. 이런 식으로 악을 회피하는 태도는 악에 대해 눈을 감게 만들고 또 구약성경에서 악을 황야로 끌고 가는 것으로 여겨지던 희생양과 같은 다른 존재의 탓으로 넘기려 드는, 우리 안의 원초적 성향을 만족시키고 있다.

그러나 만일 사람이 자신의 선택과는 관계없이 악이란 것이 인간의 본성 안에 들어 있다는 깨달음을 더 이상 피하지 않게 된다면, 그러면 악이 선과 반대되는 동격의 파트너로서 심리의 무대에 등장하게 될 것이다. 이 깨달음은 곧 심리적 이원론으로 이어질 것이다. 이미 심리적 이원론은 정치적 세계의 대립에 무의식적으로 나타나고 있으며, 심지어 현대인의 내면에서 일어나는 무의식적 분열에도 나타나고 있다. 이원론은 이런 깨달음에서 오는 것이 아니다. 우리 인간은 원래부터 분열된 조건에 처해 있다. 우리가 그렇게 많은 죄에 대해 개인적으로 책임을 져야 한다는 생각을 받아들이기가 어려울 것이다. 그렇기 때문에 우리는 그 악을 개별적인 죄인이나 죄인들의 집단에만 있는 것이라고 생각한다. 그런 식으로 우리는 순결로 손을 씻으며 모두가 공통적으로 갖고 있는 악의 성향을 무시한다.

이런 식으로 선한 척 구는 태도는 장기적으로 지켜질 수 없다. 왜냐하면 경험이 보여주듯이 악이 사람의 내면에 도사리고 있기 때문이다. 악이 원래부터 인간의 내면에 있다는 관점을 받아들일 경우 누릴 중요한 이점은 인간의 양심에게 지워진 매우 무거운 책임을 더는 한편 악에게 그 책임의 일부를 떠넘길 수 있다는 점이다. 인간이 자신의 정신을 창조한 존재이기보다 자신의 정신적 구조의 희생자라는 사실을 심리학적으로 제대로 인정하면서 말이다. 우리 시대의 악이 지금까지 인류를 괴롭혀온 모든 것을 깊디깊은 그림자 속으로 쑤셔 넣는다는 점을 고려하면서, 사람들은 정의의 구현과, 의학과 기술에서 성취한 그 모든 발전과, 또 생명과 건강에 관한 그 지대한 관심에도 불구하고 인간을 일순간에 멸종시킬 수 있는 무서운 파괴력을 지닌 무기들이 어떻게 발명될 수 있었는지에 대해 스스로에게 물음을 던져보아야 한다.

인간 천재성의 기묘한 꽃인 수소폭탄을 갖게 된 것이 핵물리학자들의 노력 때문이라는 이유로, 핵물리학자들이 범죄자들의 집단이라고 주장하는 사람은 하나도 없을 것이다. 핵물리학의 발달에 투입된 어마어마한 양의 지적 노력은 자기희생의 정신에서 자신의 과업에 헌신한 사람들에게서 나왔다. 그런 만큼 그 도덕적 성취는 인류에게 유익하고 이로운 것을 발견했다는 명예를 그들에게 쉽게 안겨주었다.

그러나 어떤 중요한 발명을 향한 첫 걸음이 의식적인 결정의 산물이라 할지라도, 다른 모든

곳에서처럼 여기서도 자동적으로 일어나는 생
각 즉 예감이나 직관이 중요한 역할을 한다. 달
리 말하면, 무의식도 또한 그 결정에 공조하고
있으며 때론 결정적인 기여를 하고 있다는 뜻이
다. 그렇기 때문에 그 결실을 낳은 것은 의식적
인 노력만이 아니다. 어딘가에서 무의식이 사람
들에게 거의 감지되지 않을 목표와 의도를 갖고
그 일에 간섭하는 것이다. 만일 무의식이 당신의
손에 무기를 쥐어준다면, 그것은 어떤 종류의 폭
력을 목표로 잡고 있다.

  과학의 지고한 목표는 진리에 관한 지식이
다. 만일 빛을 간절히 추구하는 과정에 어쩌다
가공할 만한 위험에 봉착하게 되었다면, 그 사
람은 미리 생각했던 계획보다는 그 치사성(致死
性)에 더 강한 인상을 받는다. 이는 현대인이 고
대나 원시시대의 사람들보다 악을 더 많이 저지
를 능력을 갖고 있다는 뜻이 아니다. 단지 악의
성향을 현실로 실현할 수 있는 현대인들의 수단

이 옛날과 비교도 안 될 정도로 커졌다는 뜻일
뿐이다. 현대인의 의식이 확장하고 달라진 그만
큼, 도덕적 본성이 뒤로 처지게 되었다. 이것이
오늘날 우리 앞에 놓여 있는 중대한 문제이다.
이성만으로는 절대로 충분하지 않다.

　이론적으로 보면, 핵융합 같은 무시무시한
영역의 실험을 단념하는 것이 그 위험성 때문에
라도 이성적으로 옳다. 그러나 사람이 자기 자신
의 가슴 안에서 보지 못하고 언제나 다른 사람의
가슴 안에서 보는 그 악에 대한 두려움이 매번
이성을 마비시켜 놓는다. 사람들이 그 무기의 사
용은 곧 우리 인간 세계의 종말을 의미한다는 사
실을 알고 있는데도 그런 현상이 일어난다.

　인간 세계 전반의 파괴에 대한 두려움이 최
악의 사태만은 피하게 할 것이다. 그럼에도 이
세상 전반에 걸쳐 나타나고 있는 정신적·정치
적 분열을 뛰어넘을 다리가 발견되지 않는 한,
그런 파괴의 가능성은 먹구름처럼 언제나 우리

의 머리 위에 걸려 있을 것이다.

만일 모든 구분과 적대가 정신 안에서 일어나고 있는 반대되는 것들의 분열 때문이라는 인식이 널리 퍼진다면, 사람은 공격해야 할 곳이 어딘지를 알게 될 것이다. 그러나 개별적인 영혼의 아주 작은 동요마저도 지금까지 그랬던 것처럼 여전히 무의식적인 것으로 인정을 받지 못한 채 남게 된다면, 그 동요는 축적을 거듭하여 이성적인 통제가 불가능하거나 좋은 목적으로 돌릴 수 없는 거대한 집단과 운동을 낳게 될 것이다. 그때 그런 동요를 통제하거나 좋은 목적으로 돌리려는 모든 직접적인 노력은 상대가 앞에 있다고 상상하며 혼자 하는 복싱에 지나지 않는다. 착각에 가장 황홀해 하는 자가 복서 본인인 그런 복싱 말이다.

현실 개선에 결정적으로 중요한 요소는 자신의 이중성에 대해 어떻게 해야 할 것인지를 전혀 모르고 있는 각 개인들이다. 세계사에 최근에 일

어난 사건들을 통해 별안간 심연이 개인들 앞에
입을 쫙 벌리고 나타났다. 하나의 신이 자신의
형상대로 하나의 작은 개체로 인간을 창조했다
는 편안한 믿음 속에서 인류가 수많은 세기를 살
아온 뒤의 일이었다. 오늘날에도 대부분의 사람
들은 모든 개인이 다양한 국제적 조직체들을 이
루는 하나의 세포이며 그런 까닭에 국제적 조직
의 투쟁에 연루되어 있다는 사실을 알지 못하고
있다. 사람들은 모두 개인적인 존재로서 자신이
다소 무의미한 존재라는 사실을 깨닫고는 자신
에 대해 통제 불가능한 어떤 힘의 희생자라고 느
낀다. 그런 한편으로 사람들의 내면에는 위험한
반대자인 그림자가 하나 숨어 있는데, 이 그림자
가 눈에 보이지 않는 조력자로서 정치적 괴물의
불온한 음모에 개입하고 있다. 언제나 반대편 집
단에서 악을 보는 것은 정치단체들의 본질에 속
한다. 개인이 자신에 대해 모르거나 알고 싶지
않은 것이 있으면 그것을 다른 사람에게 떠넘김

으로써 외면하려 하는, 근절 불가능한 성향을 갖고 있는 것과 똑같다.

　이 같은 도덕적 자기만족과 책임감의 결여보다 사회에 분열적인 영향을 더 강하게 미치는 것은 없다. 또한 상대방에 대한 투사(投射)를 철회하는 것 그 이상으로 이해와 화해를 증진시키는 것도 없다. 지금 우리들에게 긴급히 필요한 교정은 자기비판을 요구한다. 그 이유는 A라는 사람이 B라는 사람에게 그저 투사를 하지 말라고 요구할 수는 없는 노릇이기 때문이다. 이때 B가 자신의 투사를 현실 그대로 인정하지 못하는 것은 A가 투사를 인정하지 않는 것과 똑같다. 우리가 자신의 편견과 착각을 인정할 수 있는 때는 오직 자기 자신과 타인에 대한 심리학적 지식의 폭을 크게 넓히고 또 각자 품고 있는 가설의 절대적 정당성을 의심하며 그 가설과 객관적인 사실을 조심스럽게 또 양심적으로 비교할 준비가 되어 있을 때뿐이다.

기묘하게도, "자기비판"은 마르크스주의 국가들에서 대단히 인기 있는 개념이다. 그러나 그런 나라에서는 자기비판이 이데올로기에 종속되고 국가에 봉사하는 것이지 인간들의 관계에서 진리와 정의에 이바지하는 것이 아니다. 집단국가는 개인 대 개인의 상호 이해와 관계를 증진시킬 뜻을 전혀 갖고 있지 않다. 그보다는 개인의 원자화와 정신적 고립을 추구한다. 개인들의 상호관계가 적을수록, 국가는 더욱 더 통합된다. 바꿔 말하면 국가의 통합이 강화되면 개인들의 상호관계가 더욱 약해진다.

민주주의 국가들에서도 사람과 사람 사이의 거리가 공공복리와 개인들의 심리적 건강에 유익한 그 이상으로 멀어졌다는 데는 의심의 여지가 없다. 정말로, 사람들의 이상주의와 열정과 도덕적 양심에 호소함으로써 사회적 차이를 해소하려는 시도가 다양하게 행해지고 있다. 그런데 놀랍게도 사람들은 '이상주의적인 요구를 하는 자는 어떤 존재인가?' 하는 질문에 대답을 하려 하면서도 그에 필요한 자기비판을 적용하는 것을 잊어버린다. 어쩌면 저 사람은 그림자의 부재증명을 약속하는 어떤 이상주의적인 프로그램에 몸을 던지기 위해 자신의 그림자를 무시하는 그런 부류의 사람은 아닌가? 거기서 거론되는 훌륭한 태도니 도덕성이니 하는 것들이 혹시 그것과는 매우 다른 내면의 어두운 세계를 위장색으로 가리고 있는 것은 아닌가?

대체로 사람들은 이상을 논하는 사람을 만나면 우선 그 사람 자체가 이상적이라는 인상을 받게 된다. 그러기에 그의 말과 행동은 실제 이상의 의미로 다가온다. 이상적인 존재가 되는 것은 불가능한 일이고, 그렇기 때문에 이상적인 존재는 성취될 수 없는 가정으로 남는다. 이 문제에 있어서 우리는 대체로 예리한 식별력을 갖고 있다. 그렇기 때문에 우리 앞에 제시되거나 주창되는 이상주의의 대부분이 공허하게 들리고, 따라

서 이상주의는 반대가 공개적으로 허용될 때에
만 받아들여지게 된다. 반대라는 평형추가 없다
면, 그 이상은 인간의 능력 밖에 있고 인간적인
구석이 없는 까닭에 믿을 수 없는 것이 되며 좋
은 의도에도 불구하고 속임수로 전락하게 된다.
속임수는 사람들을 억누르는 부당한 방법이며
선(善)을 조금도 창조해내지 못한다.

그런 한편 그림자를 받아들인다면 우리는 자
신이 불완전한 존재임을 인정하는 데 필요한 겸
손을 얻게 된다. 인간적인 관계가 확고해야 하
는 곳이면 어디든 필요한 것이 바로 이런 식의
의식적인 인정과 고려이다. 인간적인 관계는 그
바탕을 구별과 완벽에 두고 있지 않다. 왜냐하
면 구별과 완벽은 오직 다름을 강조하거나 정반
대의 것을 불러낼 것이기 때문이다. 인간의 관
계는 그보다는 결함에, 말하자면 약하고 무력
하고 지지가 필요한 것에 바탕을 두고 있다. 완
벽은 다른 것을 필요로 하지 않는다. 그러나 허

약은 다른 것을 필요로 한다. 허약의 경우 지원을 추구하며 파트너를 열등한 지위로 떨어뜨리거나 굴욕감을 느끼게 할 일로 파트너에 맞서지 않는다. 이상주의가 지나치게 큰 역할을 맡을 때, 굴욕감을 안겨주는 일이 다반사로 일어날 것이다.

이런 식의 반성을 불필요한 감상으로 여겨서는 안 된다. 인간관계의 문제와 우리 사회의 내부 응집력의 문제는 갇힌 대중인간의 원자화에 비춰볼 때 아주 긴급한 문제이다. 대중인간의 개인적 인간관계가 전반적인 불신으로 인해 훼손되고 있다. 정의가 자리잡지 못하고 경찰의 감시와 공포가 만연한 곳이면 어디서나 인간 존재들은 고립 상태에 빠진다. 물론 독재국가의 목표가 바로 그런 고립이다. 독재국가의 경우 무력해진 사회적 단위들의 거대한 축적에 바탕을 두고 있기 때문이다. 이런 위험을 물리치기 위해, 자유사회에는 정서적인 성격이 강한 어떤 끈이 필요

하다. 기독교인들의 이웃 사랑을 말하는 '카리
타스'와 같은 원칙이 필요하다는 뜻이다.

그러나 투사(投射)로 야기된 이해의 부족으
로 인해 가장 크게 훼손되는 것이 바로 동료를
향한 이런 사랑이다. 그러므로 심리학적 관점에
서 인간관계의 문제를 생각해보는 것이 자유사
회에 크게 이로울 것이다. 왜냐하면 사회의 진정
한 결합과 그에 따를 힘이 바로 이 인간관계에
있기 때문이다. 사랑이 멈추는 바로 거기서 권력
이 시작하고 폭력과 공포가 시작한다.

이러한 반성은 이상주의에 호소하기 위한 것
이 아니다. 단지 심리적 상황에 대한 자각을 높
이기 위한 것이다. 나는 이상주의와 대중의 통찰
력 중 어느 것이 더 약한지 잘 모른다. 나는 다만
오래 지속될 어떤 정신적 변화를 초래하기 위해
선 시간이 필요하다는 사실만을 알 뿐이다. 내가
볼 때 서서히 생겨나는 통찰이 변덕스런 이상주
의보다 영향력을 더 오래 발휘할 것 같다. 원래

이상주의는 오랫동안 지속될 가능성이 크지 않다.

7
—

자기지식의
의미

우리 시대가 "그림자"이자 정신의 열등한 부분으로 생각하고 있는 그것은 단순히 부정적인 것 그 이상의 것을 내포하고 있다. 자기지식을 통해, 즉 자신의 영혼의 탐구를 통해 본능과 그 본능의 이미지의 세계를 발견할 수 있다는 사실을 확인하면서, 우리는 정신 안에 어떤 힘들이 잠자고 있다는 점을 인정할 수 있어야 한다. 그런데 모든 것이 제대로 돌아가는 한, 우리는 이 힘들을 거의 자각하지 않는다. 이 힘은 대단한 동력이 될 잠재력을 갖고 있으며, 이 힘과 그것과 연결된 이미지의 분출이 건설적인 방향으로 향하느냐 파멸적인 방향으로 향하느냐 하는 문제는 전적으로 의식적 마음의 준비 상태와 태도에 달려 있다.

경험을 통해서 현대인의 정신적 준비태세가 대단히 불확실하다는 것을 아는 유일한 부류는 심리학자들이다. 왜냐하면 인간이 거듭해서 어둠과 위험을 돌파할 올바른 길을 발견하게 했던 유익한 힘들과 사상들을 인간의 본성 안에서 발견하도록 해야 한다는 의무감을 느끼고 있는 유일한 존재가 바로 그들이기 때문이다. 이 힘든 과업을 위해 심리학자는 인내심을 최대한 발휘할 필요가 있다. 심리학자는 전통적으로 내려오는 "반드시 해야 할 것들"에 의존하지 않을 것이다. 그러면서 상대방이 스스로 최대한 노력을 기울이도록 하며 심리학자 자신은 조언자와 훈계자라는 쉬운 역할을 맡는 것으로 만족할 것이다.

바람직한 것들에 관한 설교가 그다지 효과를

발휘하지 못한다는 것은 누구나 다 잘 알고 있는 사실이다. 그럼에도 현재의 상황에서 무력감이 전반적으로 팽배해 있고 또 어떤 조치가 매우 긴급하게 필요하기 때문에 심리학자는 주관적인 문제를 놓고 머리를 싸매느니보다 지금까지 해오던 실수를 되풀이하는 쪽을 택한다.

모든 개인들에게 두루 효과가 나타나기를 바랄 테지만, 그런 일은 수백 년 안에는 일어나지 않을 수도 있다. 왜냐하면 인류의 정신적 변화는 여러 세기에 걸쳐 느린 과정을 밟는 것이지 반성이라는 이성적인 과정을 통해 급히 이뤄지거나 쉽게 이뤄지는 것이 아니기 때문이다. 그러니 한 세대 안에 결실을 기대하는 것은 말이 되지 않는다.

그러나 각 개인들이 저마다 내면적 변화를 이루는 것은 가능하다. 우리 능력의 범위 안에 있는 것이다. 그 변화가 각 개인이 알고 지내는 많은 사람들에게 영향을 미칠 수 있다. 여기서 말하는 영향을 미친다는 표현은 설교를 하거나 설득을 한다는 뜻이 아니다. 그보다는 자신의 행위의 본질을 잘 파악하는 가운데 자신의 무의식에 접근할 수 있는 사람들은 자기도 모르는 사이에 주변 환경에 어떤 영향력을 행사하게 된다는 의미이다. 자신의 의식을 더욱 깊고 더욱 넓게 가꾸려고 노력하는 사람은 원시인들이 "마나"(mana)라 부르는 것과 비슷한 종류의 권위를 불러일으킬 수 있다. 그것은 의도하지 않은 가운데 다른 사람들의 무의식에 미치게 되는 영향이자 일종의 무의식적 위신이며, 그 효과는 의식이 의도적으로 방해하지 않는 한 계속된다.

개인들이 자기지식을 얻으려는 노력을 편다고 해서 사회적 개선의 가능성이 차단되는 것은 아니다. 왜냐하면 철저히 무시당하고 있음에도 불구하고 우리의 기대를 반쯤 만족시키는 어떤 요소가 존재하기 때문이다. 바로 무의식적인 시대정신이다. 시대정신은 의식적 마음의 태도를 보완하면서 변화들이 일어나기를 기대하고 있다. 그 탁월한 예가 바로 현대예술이다. 현대예술은 겉보기엔 미학적인 문제를 다루고 있는 것처럼 보이지만 실제로는 대중에게 심리학적인 교육을 하는 작품을 창작하고 있다. 과거에 형식과 내용 면에서 아름답고 의미 있는 것으로 여겨졌던 것을 파괴함으로써 그런 교육적 효과를 발휘하고 있는 것이다.

　예술작품 자체의 아름다움이 극히 주관적인 성격의 추상적 개념으로 대체되고 있다. 이로써 감각적인 면에서 순수하고 낭만적인 즐거움을 추구하고 또한 대상에 대한 사랑을 의무적으로 강조하던 분위기가 일순간에 사라지게 되었다. 이는 예술의 예언자적 정신이 낡은 대상관계에서 탈피하여 당분간 주관주의의 어두운 카오스 쪽으로 옮겨가고 있다는 것을 우리들에게 쉽고 보편적인 언어로 말해주고 있다. 우리가 판단하는 한, 예술은 이 어둠 속에서 모든 인간을 하나

로 뭉치게 하고 또 그들의 정신적 '완전성'을 찾
게 해줄 무엇인가를 아직 찾지 못했다. 이 목적
의 달성에는 깊은 반성이 필요하기 때문에 정신
적 완전성의 발견은 다른 분야의 몫이 되어야 할
듯하다.

지금까지 위대한 예술은 언제나 신화에서,
그리고 시대를 내려오며 계속되고 있고 또 미래
에도 인간 정신의 원초적 바탕으로서 모든 창조
의 뿌리가 될 상징화의 무의식적 과정에서 그 창
의성을 끌어냈다. 겉보기에 분열을 추구하는 듯
한 허무주의적 트렌드를 보이는 현대예술은 우
리 시대의 특징인, 세상의 파괴와 세상의 소생을
추구하는 분위기의 징후이자 상징으로 이해되어
야 한다. 어디를 가나 정치적으로나 사회적으로
나 철학적으로나 분열의 분위기가 느껴지고 있
다.

우리는 지금 그리스인들이 "신들의 변태(變
態)"가 일어날 때라고 믿은 바로 그런 시대에 살

180

무엇이 개인을 이렇게 만드는가?

고 있다. 말하자면 근본적인 원칙들과 상징들에 변화가 일어나야 할 때란 뜻이다. 우리가 의식적으로 선택하지 않은 게 분명한 우리 시대의 특성은 우리의 내면에서 변화하고 있는 무의식적인 존재가 겉으로 드러난 것이다. 만일 인류가 기술과 과학의 힘으로 스스로를 파괴하지 않으려면, 미래 세대들은 이런 중요한 변화를 고려해야 할 것이다.

서력(西曆)이 시작할 때처럼, 오늘날 또 다시 우리는 도덕적 퇴보의 문제에 직면하고 있다. 도덕성이 우리의 과학적, 기술적, 사회적 발전을 따라잡지 못하고 있는 것이다. 현재 매우 많은 것들이 위태로운 지경이고, 또 매우 많은 것들이 현대인의 심리적 본질에 달려 있다. 현대인은 세상을 불바다로 만들 목적으로 자신의 파워를 사용하고 싶은 유혹에 과연 저항할 수 있을까? 현대인은 자신이 지금 밟고 있는 길이 어떤 길인지를 잘 알고 있으며, 또 현재의 세계 상황과 심리적 상황에서 도출해야 할 결론이 어떤 것인지를 잘 알고 있을까? 현대인은 지금 기독교 신앙이 인간을 위해 간직해온, 개인의 내면의 영혼이 생명을 지킨다는 신화를 잃어버릴 상황에 처해 있다는 사실을 알고 있을까? 현대인은 그런 재앙이 닥칠 경우 앞으로 어떤 일이 벌어질 것인지에 대해 알고 있을까? 마지막으로, 현대인은 자신이 바로 저울을 기울게 만들 추라는 사실을 알고 있을까?

행복과 만족, 영혼의 평안, 삶의 의미, 이런 것들은 오직 개인에 의해서만 경험된다. 국가에 의해서는 결코 경험될 수 없는 것들이다. 국가는 한편으로 보면 독립적인 개인들의 집합에 불과하고 또 한편으로 보면 개인을 마비시키고 억압하겠다고 지속적으로 협박하고 있다. 영혼의 안녕에 필요한 조건에 대해 가장 잘 아는 한 부류가 바로 정신과의사이다. 개인의 영혼의 안녕에 좌우되는 것들이 상상을 초월할 정도로 많다. 그 시대의 사회적·정치적 환경도 분명 매우 큰 의미를 지닌다. 그러나 사회적·정치적 환경이 개인의 행복이나 불행에 미치는 영향이 터무니없이 과장되어 왔다. 사회적·정치적 환경이 개인의 행복과 불행을 결정하는 유일한 요소로 여겨지고 있다는 점에서 보면 그렇다. 이런 측면에서 보면 우리의 모든 사회적 목표는 그것이 대상으로 삼는 개인의 심리를 간과하고 있고 또 개인의 오해를 심화시키는 실수를 저지르고 있다.

그러므로 나는 정신적 장애의 원인과 영향을 밝히는 데 평생을 헌신한 정신과의사에게 오늘날 세계의 상황이 제기하는 물음들에 대한 의견을 한 사람의 개인으로서 최대한 정직하게 발표할 기회가 주어지기를 바란다. 나는 지나친 낙관론에도 흥분하지 않고 또한 고매한 이상도 사랑하지 않으며 단지 개인적인 인간 존재의 운명에 관심이 있다. 개인이라는 아주 작은 단위가 이 세상의 바탕을 이루고 있으며 또 이 세상은 바로 그런 개인에 의존하고 있다. 기독교의 메시지의 의미를 제대로 읽는다면, 신(神)조차도 개인의 내면 안에서 자신의 목표를 추구하고 있다.

■ 칼 구스타프 융 연보

* **1875년 7월 26일 =** 스위스 투르가우 주 케스빌에서 태어나다. 아버지 요한 폴 융은 스위스 개혁 교회의 목사였으며, 어머니 에밀리에 프라이스베르크는 돈 많은 명문가의 딸이었다. 칼 융은 이 부부의 넷째로 태어났으나 유일하게 살아남은 자녀였다.

* **1876년 =** 융의 아버지, 라우펜으로 발령을 받다. 융의 어머니 에밀리에가 정신적 혼란과 우울증에 시달리다. 에밀리에가 밤이면 귀신이 나타난다는 말을 곧잘 한 탓에 칼 융은 어릴 때부터 공포에 시달렸다. 어머니가 우울증을 앓고 병으로 자주 입원함에 따라 아들과 떨어져 있는 시간이 많았다. 이런 현실이 융의 여성관에 영향을 강하게 미친다.

* **1879년 =** 융의 아버지가 클라인위닝겐으로 발령을 받는다. 에밀리에가 친정과 가까운 이곳으로 옮기면서

정신적 안정을 되찾는다.

* **1887년** = 칼 융, 바젤 인문 김나지움에 입학하다.

* **1895년** = 과학과 의학을 공부하기 위해 바젤 대학에 입학하다.

* **1900년** = 바젤 대학을 졸업한 뒤 취리히의 부르크횔츨리 정신병원에서 오이겐 블뢸러 교수 밑에서 일하다. 여기서의 활동은 1909년까지 이어진다.

* **1902년** = 취리히 대학에서 '소위 신비현상의 심리학과 병리학에 대해'(On the Psychology and Pathology of So-Called Occult Phenomena)라는 논문으로 박사학위를 받다.

* **1903년** = 스위스의 부자가문 출신인 엠마 로첸버그와 결혼하다. 둘 사이에 아이가 다섯 태어났다. 엠마가 1955년 세상을 떠날 때까지 둘의 결혼관계는 지속되었다. 그러나 융은 몇몇 여자와 염문을 뿌렸다. 러시아 출신으로 최초의 여성 정신분석학자였던 사비나 스피렐레인(Sabina Spirelrein)과 동료였던 토니 볼프(Toni Wolff)와 깊은 관계였던 것으로 전해졌다.

* **1905년** = 취리히 대학에서 정신의학 강의를 맡다. 이

강의는 1913년까지 이어졌다.

* **1906년 =** 지그문트 프로이트와 서신 교환을 시작하다. 이듬해 빈에 있던 프로이트를 방문한다. 이 자리에서 꼬박 13시간 동안 프로이트와 대화를 나눴다.

* **1907년 =** 『조발성 치매의 심리학』(The Psychology of Dementia Praecox)을 쓰다.

* **1909년 =** 취리히의 부르크휠츨리 정신병원을 그만두고 프로이트와 함께 미국을 방문하다. 그러나 융이 『무의식의 심리학』(Psychology of the Unconscious)을 집필하는 사이에 프로이트와의 관계에 긴장이 고조되었다. 둘은 리비도와 종교의 본질에 대해 의견대립을 보였다. 또한 융은 1909년에 스위스 퀴스나흐트에 정신분석 의료기관을 열고 죽을 때까지 열정적으로 운영했다.

* **1910년 =** 세계정신분석협회(IPA) 회장에 선출되다. 『변용의 상징들』(Symbols of Transformation)을 쓰고 미국 뉴욕의 포드햄대학에서 강연을 하다.

* **1912년 =** 칼 융이 자신은 프로이트와 학문적으로 다르다고 선언한다. 『무의식의 심리학』 발표하다.

* **1913년** = 세계정신분석협회 회장직을 내놓다. 이로써 프로이트와 최종적으로 결별하게 되었다. 이 시기에 환상과 환청에 시달리며 자신이 정신분열증에 걸린 게 아닌가 하고 걱정하는 사태가 벌어진다.『레드 북』의 집필을 시작하다. 융은 이 책을 16년 동안 쓰다가 옆으로 밀쳐놓은 뒤 틈틈이 손질을 했으나 세상을 떠날 때까지 끝내 마무리 짓지 못하게 된다.

* **1919년** = '원형'이란 용어를 처음 사용하다.

* **1920년** = 영국 콘월에서 세미나를 개최하다. 이후 두 번 더(1923년, 1925년) 영국에서 세미나를 연다.

* **1921년** = '심리유형'을 발표하다.

* **1923년** = 북미의 푸에블로 인디언 방문하다.

* **1925년** = 동아프리카로 심리학적 탐험을 떠난다. 케냐와 우간다 등을 돌면서 그곳 원주민들의 심리학을 이해하려고 노력한다.

* **1929년** = 중국 도교 서적『태을금화종지』(太乙金華宗旨)에 대해 언급하다.

* **1932년** = 취리히 국립폴리테크닉대학의 심리학 교수로 취임하다. 이 학교에서 칼 융은 1940년까지 학생들

을 가르친다.

* **1937년** = 인도를 여행하다. 힌두철학은 상징의 역할과 무의식의 이해에 중요한 역할을 맡는다.

* **1944-1945년** = 바젤대학 의료심리학 교수가 되다. 『심리학과 연금술』(Psychology and Alchemy)을 출간하다.

* **1948년** = 취리히에서 칼 구스타프 융 연구소 설립하다.

* **1950년** = 『욥에 대한 회신』(Answer to Job) 발표해 논란을 불러일으키다.

* **1957년** = 자서전『기억 꿈 회상』(Memories, Dreams, Reflections)을 출간하다.

* **1958년**= 『인간과 상징』(Man and his Symbols) 집필 시작. 이 책은 1961년 융의 사후에 출간됨.

* **1961년** = 취리히 근처의 퀴스나흐트에서 세상을 떠나다. 향년 85세.